U0943602

- 独家披露芝加哥顶尖操盘手的交易奥秘！
- 深度演绎芝加哥交易牛人的发达秘笈……

《市场赢家生存智慧》丛书

芝加哥交易风格

TRADING CHICAGO STYLE

当代顶尖交易员的见解与策略

Insights Strategies of Today's Top Traders

（美国）威特罗伯（Weintraub）◎著
李君文　李　艾◎译

SPM
南方出版传媒
广东经济出版社
·广州·

图书在版编目（CIP）数据

芝加哥交易风格：当代顶尖级交易员的见解与策略/（美）威特罗伯（Weintraub）著，李君文，李艾译—广州：广东经济出版社，2014.9
（市场赢家生存智慧丛书）
ISBN 978-7-5454-3538-2

Ⅰ.①芝… Ⅱ.①威…②李…③李… Ⅲ.①证券交易 Ⅳ.①F830.91

中国版本图书馆 CIP 数据核字（2014）第 172319 号

Neal Weintraub
Trading Chicago Style
ISBN：0-07-137119-2

著作权合同登记号：19-2014-068

出版发行	广东经济出版社（广州市环市东路水荫路 11 号 11～12 楼）
经销	全国新华书店
印刷	广东省农垦总局印刷厂 （广州市棠东村横岭三横路 7 号大院）
开本	787 毫米×1092 毫米 1/16
印张	10.25
字数	217 000 字
版次	2014 年 9 月第 1 版
印次	2014 年 9 月第 1 次
印数	1～5 000 册
书号	ISBN 978-7-5454-3538-2
定价	48.00 元

如发现印装质量问题，影响阅读，请与承印厂联系调换。
发行部地址：广州市环市东路水荫路 11 号 11 楼
电话：（020）38306055 38306107 邮政编码：510075
邮购地址：广州市环市东路水荫路 11 号 11 楼
电话：（020）37601950 营销网址：**http://www.gebook.com**
广东经济出版社新浪官方微博：**http://e.weibo.com/gebook**
广东经济出版社常年法律顾问：何剑桥律师

目　录 Contents

前　言 Preface

如果你正在寻找一本由名人编写的交易书籍，那就别买本书。但是，如果你是想从交易员、研究员以及一些有趣味、有天资的人那儿获取一些具体而实在的信息和知识，那么，你找对了地方。多年来，我注意到真正懂行的交易者通常并不是炒家们所迷信的“交易大师”。《芝加哥交易风格：当代顶尖级交易员的见解与策略》是针对我之前所著《期货场内交易技巧》一书中所列举的一些主题进一步深入探讨的著作。说到芝加哥交易风格，人们往往联想到喧闹嘈杂的交易大厅。其实远不止如此。这种交易风格可以追溯到南北战争之前。它的特征是：巨大的市场流动性、在复杂多变的行情中庄家要随时准备合理报价。

《芝加哥交易风格》不仅只探讨大厅交易。由于芝加哥市场的发展，大厅交易已达到足够数量。毫无疑问，交易中电子技术的运用也就成了下一个必然。

你或许不认识本书中所采访的许多人的名字。我发现知名度与交易成功之间存在反比关系。本书中的每一个人物都在芝加哥接受过我的采访。有时候，为了提炼出相关的、有说服力的信息，我会重复三次四次，甚至五次进行采访。

阅读本书时，你会了解到关于系统与直觉、后验测试与经验的各种不同观点，趣味性与知识性兼容。而且，据我估计，贯穿于《芝加哥交易风格》整本书中的几条主线，如资金管理、风险厌恶以及交易心理等对读者也不无裨益。

谢　辞 Thank

没有各方面的支持与协助，任何人都写不了书。遗憾的是，书籍不能像好莱坞的电影那样在最后字幕上一一向支持者鸣谢。可不是嘛，就连提供临时演员的公司也能得到鸣谢呢。

尽管做不到那么好，但在内心里我当然是非常感谢我的父母和我的两位侄女——林恩和劳拉的。她们对我的工作感到十分好奇。另外，我也要对埃莉斯·里奇说一声“谢谢”，她确信我不接电话的原因肯定是在与人约会。当然也很感谢为我提供打字以及后勤服务的Stormy公司。

也许你会不相信，我也很想感谢我的对手们。他们利用交易者的轻信骗取的钱财比凭真本事交易赚到的还要多。他们提供一些迅速致富的课程、家庭后验测试、以及所谓的神奇指标、品牌指标和季节性规律，召开专题讨论会，鼓励过度的当日冲销，等等。这一切行径激发了我编写《芝加哥交易风格》一书的创作动机。

在当今媒体信息大爆炸的时代，广告总是披着真理的外衣，但愿本书的“小小箴言”能够传达至你那里。

最后，我想感谢凯勒研究生院（Keller Graduate School），感谢芝加哥商业交易所的教育部（www.cme.com）。（他们开有很棒的培训课程。）

第1章 Chapter One

席德·凯兹（Dr.SID KAZ）博士场内交易员培训

席德是第一个让我领略芝加哥交易风格的人。尽管人们会认为席德准是“芝加哥期货交易所内战团”成员，但实际上他并不是。他之所以能培训交易员，是基于他的教育学博士学位以及对人的行为的深刻理解。

尼尔：说起“芝加哥交易风格”时，首先跳入你脑海的是什么情景?

席德：哦！当然是拥挤的交易大厅、挥舞的手臂和喊叫声，以及场内的激动兴奋。你可以感觉到大厅里强烈的紧张感——这就是场内交易。

尼尔：你培训出的芝加哥风格的交易员比芝加哥的其他任何培训机构都多，可以这么公平的说吗?

席德：我也许是培训得最多的吧，但是你必须记住，至少据我所知，还没有一家其他机构承诺要提供持续性的场内交易员培训计划的。我的职业培训生涯是从1984年与SMW交易公司合作时开始的，那时我协助这家公司培训交易员。大约两年以后，他们停止了交易员培训计划，把这个工作交给了我。我确实具备这方面的优势，当过5年场内交易员，担任过教师、教练和中学校长等职。所以，你瞧，这一切对我来说就像是又回到了教室或者足球场。

尼尔：曾经与我在场内一起做过交易的许多人都接受过你的培训。事实上，我们喜欢将他们爱称为“席德的孩子”。你培训过多少人——大致估计是多少？

席德：很难提供一个具体数据，因为我从未想过这个事。也许六七百人吧，我不确定。

尼尔：一年有多少人接受你的培训课程？

席德：人数是波动的，因为我的培训是持续性的，有些人是想通过培训进入这个行业，而有些人则只是想略微了解一下而已。

尼尔：为什么你的名字在芝加哥地区之外的地方如此保密？如果有人想成为一名芝加哥场内交易员，他可能不知道你的公司能提供相应的培训课程并帮助他们入门。这是否看起来有点像是一个秘密社团呢？为什么你们不做广告，让大家知道？

席德：你说得对。我们的确没好好做广告去告诉人们，我们能为场内交易员提供最好的培训课程。不过我们已开始在互联网上进行更周密的宣传活动。我们也正考虑在印刷媒体上发布信息。

尼尔：当初我上你的培训课程时，你曾观察过我——观察我怎么进行模拟交易。通过观察我怎么做，你以此判断我能否成为你想要培养的那种入市交易员。这是否仍然是你培训工作的精髓？

席德：大致算是吧，只要这个学员交易资本不是太少就行。现在，有许多公司接受只有最低资本额度的人，让他们进行交易，然后对每笔交易收取巨额佣金，也不提供任何支持服务。我们不做那种事。我们非常关注交易者本人。我们希望交易者能够进入场内并且获得最大的成功机会。如果人们只是带着最小额资金进来交易，那只可能发生两种情况。要么他们将承担不必要或不恰当的风险，要么他们不进行任何交易。但要知道，如果你想在交易场内获得成功，你必须交易。刚开始时每天可以只做3张、4张、5张、8张、10张、12张合约都没关系，但是最终你一定得扩大交易量。

尼尔：交易量大概会达到多少？多少张合约？

席德：这取决于当时正在交易的市场。比如说，某个人是在债券市场开始进行交易的，那么我们的目标是让他们每天交易20 ~ 40张合约，并且在两周时间内全部平仓。我们希望他们学会如何进场和退场，学会交易中尽量不感情用事，最好做到像自动驾驶仪一样。

尼尔：他们甚至都不必思考了吗？

席德：这已不仅仅是思考的层面了，它关系到一个人的自信。努力做到在交易中排除感情成分，学会接受不是每笔交易都能赚钱的事实，学会怎样应对亏损。

尼尔：这使我想起了一件往事。有一次上你的培训课时，你抓住我的肩膀说："别想了，行动吧！"

席德：没错，因为我们手中没有预卜未来的水晶球。我们的目标是让市场告诉我们它会怎样变。我们的交易理念是，在进攻前首先要学会怎样做一个防守型的交易者。我们要帮你避开亏损。我们将每一次对冲平仓都看作一次成功的交易。我相信交易所里95%的人，如果喊出买进价11，有人以11卖给他1张，他要么立即以12卖出，要么继续持仓，认为自己将会在这单交易中赚到100个最小价位。这可不是我们想要自己培训的交易员做的事。

尼尔：如果我在11的价位买进，但行情并不马上涨到12，我是要马上平仓吗？

席德：马上平仓。我想表达的基本意思是，我们的确把重点放在培养优秀交易员上。因此，当有一天你以11的价位买进，等价格上升到12时，我们会要你马上卖出，拿到你的利润。我们会主要以这种方法进行训练，直到受训者表现出他们有能力在交易场上自己应对，不发生重大亏损为止。

尼尔：哦，那么，这称之为第一阶段吧？

席德：第一阶段。

尼尔：第一阶段会要持续多久？

席德：这取决于个人的表现。我们来设定一个目标吧，比方说，我们目标是让你一天做到20，再做到40张合约。这也许在债券交易场行得通，但是我们有很多新交易员是从事美国中部商品交易所（MidAm）的谷物交易的。如果你能做到5张了，你的目标就会上升到10张，但仍然得对冲平仓。只要不让你的自我妨碍自己，我绝对相信你在任何市场都能对冲平仓。打个比方吧，某天你做了三四笔交易，但全都对冲平仓了，下一次交易中，你可能赚了一个最小价位，可是行情突然发生了逆转。怎么办？你很不想回到家里跟家人说"我没赚到钱"，于是就听任行情逆转。结果，你不只是赔了一个最小价位，而是赔得更多。这就是让自我妨碍了你做交易。

尼尔：以我的交易助理邓肯为例吧，假如经历了最初的六个月交易，而且都能做到对冲平仓，达到了你要求的交易量，现在他想问你："好了，席德，第二阶段该做什么？"

席德：在此之前他都只一次交易一张合约。到了现在，我们就会说："邓肯，你现在该这样做了，如果你出价11，有人以11的价格卖给了你，你就以12喊出卖价，喊两次。如果没人买，你就平仓。你只喊价两次。这就是第二阶段。如果你只喊出一次或两次就有人买进，这当然很好，没问题——你赚钱了。那下一步该怎么做呢？你开始喊价买进两张合约，当有人卖给你后，你立即将其中一张平仓，将另一张以12喊出卖价，喊两次。如果没有人买进就以11的价位平仓。所以说，这是一个渐进的过程。我们想要你学会怎样把单张合约交易成功。然后才是做两张一组、三张一组、五张一组，但要始终做到抛出其中的一部分。接下来，你可以进入下一个阶段，每笔交易五张合约。你可以平仓两张；拉高价位喊出两张；一次，两次，立即抛掉；再喊出一张的卖价，有人买进了，继续交易下去。所以，这是个循序渐进的过程。每一位交易员都得独自去经历这些阶段。行情是没有办法预测的。在我的研讨课上，我发现有的学员对这些技术操作层面和心理层面的概念掌握得很好。但我还是告诉他们："当你进入交易场内之后，你将会是新交易员中准备得最充分的。但是面对专业玩家，你仍然是个门外汉。你得努力让自己变成专业玩家。"让我们感到欣慰的是，上过我们的训练课之后，学员经过8～10进场交易之后，就不再害怕被踢除出局了。

尼尔：害怕也是一个重要因素吗？

席德：是的，某些人存在害怕心理。

尼尔：席德，第三阶段是你的毕业阶段吗？

席德：是的。

尼尔：你们的大额交易员现在每天做多少张？

席德：我们有一批很优秀的交易员，每天大约交易100张，200张或500张合约。但即便是这样，他们中有很多人也仍然会将交易的70%～80%对冲平仓。

尼尔：令人吃惊的是，公众认为我们每天都在赚钱，从来就不平仓。

席德：这是一个常见的错误概念。这是因为公众往往只听说起那5%的最成功的人。他们没有注意到其余的95%的交易者。这个行业的确是人员流动率高，据说每两到三年就有大约75%的人员流动。我们非常走运。由于经过了我们的培训，我们的交易员成功站稳脚跟的比例要高很多。我会对来我公司的学员说，我们的确有一套自己的交易哲学。嗯，如果你希望成为一位头寸交易商，想通过我们公司进行清算，这没问题，但是你的账户上得有更多的钱作保证金。试想一下，你想建立一组五张的合约，而你账上只有5000美元，那么最后会有什么后果。我们都经历过跌停板的走势，因此我们可以想象会是什么样子。不在这一行里干的人是不会明白的，也许他呆在期货市场的时间不够长，也没经历过连续两天跌停的情形。

尼尔：作为交易员，你最看重哪些特征、素质和背景？

席德：理论知识并非一定能为你从事场内交易派上用场。的确，交易所里有人只是高中毕业，在大学混个几年就到这里来当跑单员，最后还干得很成功的。反而有些拥有博士学位的人结果却成了很差劲的交易员，原因是他们总是考虑太多。

尼尔：好了，席德，我们就别太责难那些思想家了吧。

席德：我不是在揭人家的伤疤，这完全是事实：想凭借自己的学术或智力技巧做交易的人往往会采取一种不同的交易风格。其实我们并不知道怎样去预测市场的走向。市场上有数百种不同的系统，但它们时时都可能受到一种所谓“浑沌理论”的影响。这又是一种不同的风格，的确很不同。我们觉得我们的公司有自己独特的一套运作方式，我们的确擅长于交易员的培训，因此我们要保持自己的强项。

尼尔：所以，你接纳学员，给他们机会，观察他们在模拟交易中的表现，看他们是否能领悟。

席德：在过去14年的培训中，经过两到三个月的培训后我们还奉劝他重新考虑是否适合做场内交易的人是屈指可数。我只会对有些人这么奉劝，比如说，有个人带着25000美元来冒险，这些钱是他的部分退休金或房屋抵押贷款。我会对他说：“您干到今天这样已经很不容易。用来交易的资金必须是你能够承担得起风险的资金。如果你认为自己进场就能将5000或10000美元变成100000美元，那可就大错特错了。”

尼尔：但我们看过一些报道，说某些人把10000美元变成了1000000美元，而且他们还是些场外交易者。

席德：是的，你说得没错。你所说的是麦克·乔丹、史哥特·皮朋和乔·蒙大拿式的交易者。可这样的人又有多少呢？确实有这样的人存在，但是那些你没听说过的人又是什么情形呢？他们只能卷铺盖走人，因为他们输光了。如果你想在场外交易，就必须关注每一个市场，包括黄金、糖、可可、橙汁、原油、黄豆或者瑞士法郎，因为你要时刻注视，寻找出现行情的某个市场。你不能只局限于债券或S&P指数，因为所有的合约都只是在一

个区间内交易的，除非行情向上或向下出现大的突破。

尼尔：你说的绝对正确。

席德：咱们回到你刚才提到的关于交易员特质的问题吧。我想他必须是那种具备一定程度的自信而不是自负的人。如果你带着自负进来，市场总是会让你付出代价的。我们大家都爱把自律挂在嘴边，但只有在交易场上真正检验过你的勇气之后，才能发现你是否真的具有自律性。另外一个特质，我说得客气点儿，就是：如果你总是吞下自己的苦果或总为自己的决策找借口，你是不会成功的。场内交易不容许找借口。“因为那个经纪人挡住了我”、“我没有机会离场”、“我一时没算清楚”——这些都是借口。只要你想离场，任何时候都可以离场。那些说自己无法离场的人其实只是不情愿认赔，他们的自我不容许他们承认。或者说，他们在跟自己玩一个游戏：“我发誓，只要再跌一个价位，我一定离场。”

尼尔：就像说“人在江湖，身不由己”一样。

席德：说得对。人们总想证明自己是对的，总想推说是市场出了问题。

尼尔：如果某天你做亏了，你还可能会坚持认为自己是个好交易员吗？

席德：绝对会的。

尼尔：这么说，如果某天我持仓过久，超过了自己认为合理的时间，结果却反倒成功了，那也只不过纯粹是运气好罢了。相反，我在应该离场的时候离了场，亏了钱，我反倒会成为更好的交易员，因为我的自制力最终会给自己带来长久的成功。

席德：完全正确。当你开始对场内的各种细微变化变得更加敏感的时候，当你更能够看清市场的走势的时候，当你在交易中更能不受情感左右的时候，你就为成功奠定了基础。有时候我本来可能会亏损20个价位，结果一天下来只亏了2个价位，我也把这天看成美好的一天，它们是我一生中最美好的日子。

尼尔：有没有哪本关于场内交易的书你特别想推荐给读者呢？

席德：我实在没有什么特别可推荐的书。这主要靠体验，与你的情感、个性以及自律性有关。

尼尔：那么，如果我想成为芝加哥场内交易员，就带好行装，直接到芝加哥找你好了。

席德：没错。

尼尔：在上完你的培训课后对你宣布："我决定干这一行。"的场内交易员中，年龄最大的是多少岁？

席德：我们有位五六十岁的先生。虽说不上他有什么惊人之举，但我常以他的实例跟别人这么说："如果你有机会也有这个经济能力，你一定不想等五年以后回首时说'天啊，我干嘛当时有这个机会却不做呢'。"任何人，只要你在经济上、心理上和情感上各方面都承受得起，我都会鼓励你拿出一年的时间到我们这里来试试。即使你没成功，至少也抓住了这个机会去追随你的梦想。

尼尔：有很多朋友打电话对我说："我想当交易员。"我通常都会回答说："太好了，你什么时候来呢？"然而，100个人中大概只有5个真的来了芝加哥，兑现了自己的承诺。

席德：这可是一个了不起的承诺。

尼尔：这些人患得患失，优柔寡断，总对自己说："如果这般会怎么样？如果那般会怎么样？"岁月如梭，一晃好些年过去了，结果他们还是在这里或那里丢了自己的工作。干这一行我最喜欢的就是没有人会对你说你该退休了。

席德：就是。

尼尔：没有人会对你说："对不起，我不喜欢你做的备忘录。你必须离开这里。"

席德：是啊。

尼尔：或者说"我们在缩减人员，你已经不是公司的人了"。

席德：你就是自己的老板。所有的决策都由你自己来做。现在很多人都害怕做决策，就像是《逃往自由》那本书中所描述的那样。我记得这本书应该是艾瑞克·弗罗姆写的。书中讲的是人们不愿意自己做决策，宁愿要别人把决策强加于自己。这样一来，他们就可以说"这件事是某某让我做的"。他们不想承担责任。因此，我希望有这样的书告诉人们如何管理好自己的情绪，因为有95%的交易都有些情绪化。

尼尔：我和邓肯刚从斯瑞斯酒吧出来，我们到处找你喝酒呢。

席德：（大笑）千万别在交易日哦。

尼尔：真令人遗憾。你瞧，都10：15了，那些人还在那儿喝杜松子酒呢。

席德：你知道吗，我们这儿有个最优秀的场内交易员，他有个原则："工作日内我决不沾酒。"我们总是告诫员工："我们不能干涉你的私生活，但如果晚上十一二点你还在酒吧喝酒，第二天一大早酒劲未过，7：20又要赶到交易场，这样下去你不可能成为一个职业玩家，只可能成为一个业余炒家，而且还会赔钱。这是一个要求很高的行业，不管是身体上还是情感上都要求很高，你必须尽可能时刻保持最佳状态。

尼尔：所以，大家来向你求教，你可以给他们相关信息，指导他们如何参加交易课程。

席德：是的。

尼尔：比方说这位邓肯，你建议他从哪种交易开始学起？

席德：我会建议邓肯或任何像邓肯这样的新人，首先来参加一两次研讨会讲座，看看他学东西快不快。

尼尔：你给了我一个启发，席德。你下次讲座是什么时候？

席德：明天。

尼尔：邓肯，你想来观摩吗？（邓肯·罗宾逊是我这一季的交易助理，他毕业于印第安纳大学，目前是期权交易员。

邓肯：当然。我很想来。

席德：我认为还有个人经济状况的问题要考虑。我们有好几个新交易员在美国中部商品交易所（AmMid）从事交易。我经常告诫学员，进美国中部商品交易所做交易，就像是展开了一场强强之争的对抗赛，比我们研讨班的要求要高。这里，你的资金会面临真正的风险。然而，这个市场也有它固有的问题。会员席位费高达500000美元，甚至675000美元，不是100000美元就可以解决的，但这里确实又是学习交易的理想场所。如果邓肯跑来跟我说："我非常幸运，我一直想做交易却苦于没钱，现在我刚继承了一笔250000美元的遗产，我想做S&P指数交易。"我会向他解释交易所的有关要求、租借会员席位的费用，我会对他进行强化课程训练。有人问："做晚盘债券交易如何？"我们的学员从来没有人在夜间债券交易中取得过成功。我很担心学员养成坏习惯，我不希望他们在一个可能养成坏习惯的市场做交易。

尼尔：说件离题的事，在我最近写的一本书中，我曾描写过一个叫做"吸血鬼"的人物，他参加过你的培训课程。他是美国中部商品交易所的一个债券交易员，现在拥有黄色徽章。这个吸血鬼只在晚上进行交易。他所学到的交易技巧中——你教给他的那些作为场内交易员的技巧——最重要的就是抽头转卖的本领。后来他通过电脑进行交易发迹了。我觉得十分神奇的是，你教给他的场内交易技巧却帮助他成了场外交易员。

席德：谢谢夸奖。

尼尔：席德，你谈了很多有关自律的问题。你是把资金管理纳入到你的自律哲学中呢，还是把它当作单独的一个议题与你的年轻交易员探讨？

席德：我认为这更应该是一个独立的议题，因为我们训练的人完全是新手。但是自律性必定会涉及到资金管理。事实上，这正是我们所做的事情，希望你管好你的钱别把它亏掉了。如果你带50000美元进场，每做一笔交易都亏损5～10个价位，你就得问自己为什么会这样了。我们希望你发现问题症结所在，为什么会输掉这些钱。这就是资金管理所包含的一部分，即学会接受小额的亏损，学会接受小额的盈利，直到你变得更加内行。

尼尔：我想，你的公司之所以如此成功，其中一个诀窍是你的交易员都清楚他们在每天的交易结束后都必须接受你的提问。不准他们像我所认识的很多交易员那样，为自己的交易行为找借口。

席德：这正是SMW的强项之一。我们的确是很关心我们每一个学员。如果有人近来交易业绩很差，我们会和他一起去对付困难，努力帮助他。我会竭尽所能，用自己学到的本领去帮他，作为教练、作为校长、作为顾问给他指导。跟交易员交谈，了解他们的交易情况往往能给他们带来心理上的支持，以便帮助他们度过在所难免的艰难时期。

尼尔：你会帮助学员租借会员席位吗？

席德：我会。

尼尔：也会帮他们买席位吗？

席德：是的。

尼尔：你培训他们，然后把他们送到交易场内。如果你觉得他们不合乎你的要求，你会不会把他们交给别的训练机构？

席德：我不会说别人不合乎要求的。相反，我会找他来谈心。我会说："到目前为止，跟那些与你交易时间一样长，交易品种相似的人相比，你已经落后到班上的后四分之一的学员中了，我认为你需要好好分析一下自己的情况。顺便提醒一下，你可能需要在你的账户上再存入5000～10000美元。"我很少劝学员退学。即使要他们退学，那也是因为他们完全无视我们的指导。

尼尔：我不希望大家误以为你这里的交易员都是些交易量只有5～10张合约的人。其实你那里还有一些做得很认真的交易员。他们一天的交易量可以达两千张呢。

席德：有时候还更多。

尼尔：有些交易员大家可能不熟悉，因为他们不想让别人知道自己的名字，他们不想在这种研讨会上巡回演说，不想让任何人了解他们的交易情况。

席德：说的正是。我认为保持低调是一大财富。

尼尔：是否还有其他公司提供培训课程？

席德：老实说，我还不知道有其他公司提供真实的培训课程。我知道有些交易所办了训练模拟交易技能的研讨班，但是它们的培训往往是短期的，缺少后续课程，而且也不提供任何交易员可以随时请教的辅导老师。就我所知，除了我们，还没有一家公司提供这种帮助的。我们鼓励那些参加过我们研讨班的人经常回来交流，希望以此提高他们的绩效。

尼尔：你的课程都是免费的吗？

席德：不是免费的，我们最近开始收取250美元的培训费。这是一次性收费。如果某人参加几期培训，我们也很乐意为他提供所需要的特殊指导，但我们需要学员全心投入。过去参加过我们培训课的学员写信来跟我说，他为学费所付的这个250美元是花得最值得的一个250美元。这笔钱要么为他们带来了成功所需的技能，要么帮助他们认识到场内交易不是合适他们做的事。某些情况下，这笔钱还可能帮他们避免了一个更严重、代价更昂贵的错误。

尼尔：如果有人希望与你联络，你会欢迎吗？

席德：随时欢迎。我们的电话是（312）913－6100。

尼尔：谢谢你，席德。

席德：不用谢，我很高兴接受你的采访。

尼尔：我也十分感谢邓肯·罗宾逊。

下面是提姆西·莫吉就我对席德·凯兹的采访发给我的电子邮件。

尼尔，

这次采访很成功，抓住了做一名成功的场内交易员的要点。（我深有体会，因为1995年我曾做过长达六个月的场内交易，很快我就意识到，我在成功的场外交易中培养出来的自我，实际上阻碍了我成为一名成功的场内交易员。）读过你的采访之后，我真希望我那时就知道了你的培训课程，我想我一定会试试的。

尽管我在大学时代就涉猎过黄金和白银的交易，其实我是在1980年才开始在现金货币市场学做庄家的，接下来五六年是庄家的黄金时期。读了你们的访谈录后，我可以告诉你，现金货币在银行间市场交投得很活跃的时期，当一名成功的庄家所需要的技巧与当场内交易员要学习要使用的技巧是一样的。我1990年离开银行界之前，我教过大约100多个交易员怎样做一个出色的庄家，但是有一个技巧很难教会，即：只持有你所需要的头寸。我曾供职于一家交易量最大的银行，我一天能做500笔交易，交易额近80亿美金。其他银行不断打电话进来询价，因此我得请3～5个交易员接电话，传递我的双向报价，反馈给我每个价位究竟是买进还是售出500万美元或更多。如果有人接受我的报价，我会根据情况略微调整我的下一个报价。如果我的报价没被接受，我就会要别人反给我一个双向报价。这样，我可以把不要的头寸抛出去，或者把头寸交给现货经纪人，或者转到国际货币市场（IMM）。

正如你在访谈中所指出的，只有不假思索地交易才会立于不败之地。尽管我或许每一天能达到80亿美元的交易量，但是我每一次买进或卖出，任何时候平均持有的头寸都不会超过5000万美元，赚钱的关键在于能够频繁地买进卖出，在每一次交易中小赚一笔，积少成多。但是，作为庄家，如果你一开始就认为自己清楚地知道行情的发展方向，你就陷入大麻烦了。

好了，这就是我做庄家的经验体会。现在我是交易员了，是投机客，这个工作与以前很不同。但是，你对那位尊敬的博士的访谈为我带来丰富和及时的信息。

谢谢你让我有机会读到这篇访谈录。

提姆

注：提姆西·莫吉的联系方式：tmorge@interaccess.com

资料站

闻名遐迩的布莱克和斯库勒斯

布莱克（Black）和斯库勒斯（Scholes）因“布莱克－斯库勒斯公式”而闻名遐尔，该公式是一种期权定价方法，最早于1973年在芝加哥大学的《政治经济期刊》上发表。公式发表的一个月之前，芝加哥期权交易所开业，为首次使用该期权定价模型提供了市场。

期权给投资者以机会，而不是义务，按照预先确定的价格买进或卖出资产。在布莱克－斯库勒斯公式问世之前，股票期权、期货以及其他衍生证券的投资者无法确定他们证券的价值。之所以称为衍生证券，是因为它们的价值受其他资产的价值波动影响，或者是由其他资产的价值波动而衍生出来的。在此之前，许多研究人员试图用包含转让风险溢价的公式来确定价值。布莱克和斯库勒斯意识到股票的价格已经反映了期权风险，于是设计了这个期权定价公式。

在过去的二十五年里期权市场蓬勃发展，期权定价公式获得了市场极大的肯定。据《华尔街期刊》报道，1997年的前九个月里，在美国的交易所成交的期权价值高达1550亿美元。

“现在，全世界市场中成千上万的交易商和投资商都使用该公式来确定股票期权价值。”诺贝尔委员会这样写到，“如此迅速而广泛地运用一项理论研究结果，的确是经济学的一个新现象。”

默腾·米勒（Merton Miller）对布莱克和斯库勒斯的研究颇有影响，1973年他发表了自己的关于期权估价的论文，对布莱克和斯库勒斯的公式进行了概括，把该公式拓展到股票期权之外，运用于其他衍生证券中。比如，布莱克—默腾—斯库勒斯方法已经运用于设计各种最优金融合同，以及确定保险合同和担保合约的价值之中。

尽管斯库勒斯主要是以期权方面的研究而著名的，但是，他也研究股利对股价的影响，以及全球税收政策对决策的影响。

第2章
Chapter Two

尼娜·库柏（NINA COPPER）
你得了解艾略特

尼娜·库柏是芝加哥商品交易所的讲师。她教授高级技术分析课程——艾略特波浪理论。该理论的基础是“周期中的周期”概念。艾略特波浪理论作为一种强有力的预测技术，可按任何时间单位来使用，包括价位图乃至长期的周线图和月线图。我最初是在芝加哥出席市场分析师会议时认识库柏女士的。

我曾邀请她来迪保罗（DePaul）大学给我的交易课程班的学员讲课。目前，尼娜是市场分析师协会的会长。这次午餐采访是在她出任此职之前进行的。

尼尔：采访朋友感觉有点儿怪怪的，不过这也算是我们第一次有机会长聊了。刚才我还在收听CNBC的广播节目，里面谈的全都是“理想的买进建议。”

尼娜：当然，我认为市场也许存在一种做多头的倾向。非职业投资人之中大多数人更关心他们可以在什么价位买进，不太考虑做空头。

尼尔：某些软件大师说市场行情是无法预测的。

尼娜：市场行情是有办法判断的。对这个问题的准确回答是：这取决于你愿意投入多少时间和精力。完全有办法确定市场会怎样发展，如果你愿意深入研究，你的判断一定会非常精确。因此，我不同意这些大师的说法，我愿意采取与他们对立的立场说“可以的”，你可以判断市场的走势。

尼尔：用哪种时间单位呢？

尼娜：用什么时间单位并不重要，让我来解释一下。我用艾略特波浪理论做过很多研究，它是一种非常先进的观察周期的方法。使用周期是确定市场发展方向的一种非常精确的技术，不论是什么时间单位。

尼尔：人们说我们正在进入一个新的经济时代。过去的一切完全没有意义。这是一个全新的时代。你可以解释一下已经发生的重大行情周期吗？

尼娜：嗯，人们总是认为：“这次真的不一样了。”实际上并非如此，只不过细节上有一些变化而已。市场行情是由心理驱动的。这种心理是一种旅鼠式的移动——从光谱的一端转向另一端，由极乐转到极悲，或者从极悲转到极乐。在这个过程中，个人决策往往反映了某个个体在特定时段的乐观程度。所以，永远都不会有什么不同，永远都只是在以前事件的基础上所发生的变更。

尼尔：所以，就像你的儿子或者女儿所说的：“妈，你不懂恋爱的感觉，我们的时代已经跟你们不一样了，你永远都体会不到这种爱的感觉。”

尼娜：这种感觉时不时地我们都有过。

尼尔：20世纪发生了一些重大事件。1929年股票市场发生大崩盘。几个世纪前，我们经历了17世纪的“郁金香狂热”和19世纪90年代的循环。目前的这个牛市好像也愚弄了每个人。

尼娜：是的。

尼尔：甚至都愚弄了远在乔治亚州的（鲍勃）布列西特先生，对吧？他是波浪理论学派的吗？

尼娜：鲍勃也许是当今弘扬艾略特理论的人中最有影响的。为把艾略特的思想介绍给市场中的整个新一代交易员，鲍勃起到了巨大的作用。

尼尔：他似乎也获得了相当大的知名度。

尼娜：他有时候也出现过判断失误，这一点是毫无疑问的。但他是第一个承认自己错误的人。我不太想解释他这么做的原因，因为这纯粹是我的猜测而已。我所明确知道的是，鲍勃看到了一个即将到来的巨大变化。他很久以来就已经意识到它的来临了，就像是你站在月台上等待火车的到来一样。它在出现之前，你就认为自己看见过好几次了。这种情况与市场乃至整个经济的情况很相似。这是一种类比。鲍勃在寻找某种他知道快要来临的东西，他已经看到它的征兆，但是还早了点儿，还没有发生，也许正在行进之中。

尼尔：没错。甚至在1929年的大崩盘时也发生过。我得查阅一下我的历史资料。当时就有很多文章警告投资大众，甚至联邦储备银行也知道它的到来，并对他们的重要投资者发出过警告。

尼娜：是的，很有意思。

尼尔：我的意思是一旦发生崩盘，有人就会乘机发财。杰西·利物摩就是这么一个人。回到原来的话题上来吧，现在有客户要求你提供咨询服务吗？

尼娜：有。

尼尔：跟我谈谈你的服务内容吧。

尼娜：我每天写一篇有关美国利率以及货币市场的评论。我观察10年期和30年期的证券基准利率。我的客户也积极参与加拿大利率市场。创办现在这个公司之前，我在蒙特利尔银行工作。再往前，我在伦敦管理一个多种货币的债券投资组合。美元市场是我的专长，加拿大市场是我关注的重点。

尼尔：艾略特波浪理论在你的工作中起了非常重要的作用，它到底有多重要呢？

尼娜：人们对艾略特波浪理论常常存在一种误解。它实际上是一个系统。我的意思是，它是一个理论架构，你可以用这个框架在任何时间段内观察市场、评估行情。应用艾略特理论，你可以分析长期数据，对市场做出长期预测。你也可以采取另一个极端的做法，用短期数据——如果你愿意的话可以用价位表——分析非常短期的当日行情。就是说，你可以在任何背景中使用它。以我之见，这套理论比许多其他传统的技术工具都重要，因为它涵盖了任何时候市场上可能出现的任何行情。

尼尔：许多人批评艾略特波浪理论更具艺术性而不像技术指标。

尼娜：我同意。这种批评是合理的。我在工作中应用艾略特波浪理论已有很长时间了。艾略特波浪理论并不太复杂，但它要求用不同的方法来处理价格数据。其本质是要求人们运用逻辑推理解开一个个线索，最后找到答案。而许多人发现，这么做需要投入的努力比他们想象的要多。但是，我发现这个方法非常有效。当然，我也找到了其他一些技术工具，可以用来判断行情转折点的出现。有时候艾略特信号很清晰，有时候却模糊——就

像任何技术指标一样。只有价格行为才能证明预测的有效性。

尼尔：你打算过把眼下出现的牛市行情告知你所有的客户吗？（在进行这次采访时，道琼斯工业指数已超过9000点。）

尼娜：准确的说是告诉他们到今天为止的行情。

尼尔：真的？

尼娜：或许还是到这个小时为止的。这并不难。

尼尔：你认为这波行情是由低利率驱动的还是由心理因素驱动的？

尼娜：纯粹是由心理因素驱动的。市场是反映人们心理的一面镜子。

尼尔：可不可以详细说明一下？

尼娜：市场是预测心理活动的渠道。这句话的意思是说，尽管有很好的经济学理论和精准的定量分析工具做后盾，人们还是因为相信行情会涨而去买进。至于他们是怎样做出购买决定的，怎样为自己的购买欲望找到理论依据的，则完全是另一码事了。同样，他们因害怕价格下跌而卖出。这完全是贪婪和恐惧心理在指使。如果你观察每一次随行情变化出现的心理循环，你就会发现，当行情处于低谷时人们的情绪最为悲观，因为多头头寸的持有者无法再承受损失给他们带来的痛苦。处于行情顶部时，人们往往深信涨势会在这个“新纪元”中永远持续。聪明的有钱人和真正精明的投资商，是那些能够经得住惯常的心理诱惑的人，他们能在大家抛售时买进，再卖给那些没买够的贪婪的多头。一旦踏进市场，即使最理性的个体也很难排除从众心理的干扰。

尼尔：我们即将进入一个新的太平盛世吗？我们是否会享有赫伯特·胡佛所谓的“永久繁荣”？

尼娜：我们已经进入了。我得告诉你，我的确看到了一个新的太平盛世，但是我所指的这个太平盛世并不是人们时常谈论和盲目乐观地以为会出现的那个太平盛世。我先前说过，你可以在更大的时间单位内应用艾略特波浪理论，这就意味着你可以回顾市场过去很长时间内的历史，数百年，甚至更久。同样，你也可以预测到遥远的未来。

尼尔：为什么你认为这个千禧年会不一样？

尼娜：我认为这个千禧年不一样，是因为人们没有预测到，一个极为长期的繁荣周期即将达到顶峰。

尼尔：这种欣快症有点儿像是“美好时光重返人间”。真是不可思议，这是有史以来最大的一个牛市。美国人都快用不着工作了，他们只等着让钱生钱呢。

尼娜：没错。

尼尔：有很多公司企业所获得的回报率都不及股市给股民带来的多。

尼娜：是的，的确是这样。

尼尔：最近，我刚为一家佛罗里达软件公司做了一系列讲座。那里的职员都在辞职，准备让市场给他们打工。

尼娜：听起来是个不错的主意。但这种局面不太可能持续下去，这是问题的关键。这个牛市，这个我们在过去几年里所看到的喷发式的顶峰，是一个极为长期的系列循环的最后一波。循环周期各有不同，但都在大致相同的时刻结束。有一个极长期的循环周期自19世纪就已经开始。普通的投资者很难思考到这样一个层面，因为一般人都只记得我们直接了解到的事情，也许仅是20年左右时间内发生的事情。就算你父母可能跟你描述过20世纪30年代经济大萧条时期的生活艰辛，那也不是你的亲身经历，也不会引起你任何情感上的反应。因此，要普通人去想象100年前、120年前，甚至是170年前就已经开始的东西，那是不太可能的。

尼尔：大约从安德鲁·杰克逊任总统时就开始了。

尼娜：是的。这个即将结束的极长期的循环就具有这个规模。其他的循环周期短一些，但是仍然足够长，大部分人没有亲自经历过。我们只是对过去这二三十年的市场有个基本的了解。但是，现在这些非常缓慢的周期即将结束，这意味着形势会有所变化。我并不是预示市场会立即崩盘。我的意思，这个即将开始的回落不仅仅会改变十五年前就开始出现的牛市，而且会改变从19世纪40年代左右就开始出现的超长期的上升行情。这也很可能是一个持续性的跌落时期。当然，中途也会出现市场回稳期、经济增长期，但价格下跌将会是压倒性的趋势，而且，一旦这个“新纪元”开始，它就会延续很长一段时期。

这意味着我们眼前的一片陶醉景象，以及我们正在经历的市场高点，很可能成为往后很长一段时间里的历史制高点。我们这一辈子再也看不到这样的高点了。一般的人会很难理解我所描述的周期性变化的概念。我敢打赌，政府部门，甚至可能中央银行里的很多人，都不会充分理解我们这里所谈论的这一切。

尼尔：这种说法听起来非常极端。

尼娜：请容我来解释一下探讨这场即将发生的变化为什么至关重要。我相信人一生中总有一些时候生活的景况不如人意。但这种起伏就是生活的本质。就我个人而言，我宁愿在逆境快出现时预先得知，以便做好准备。我希望主动出击而不是被动反应。我们都知道，无论价格走势方向如何，市场上总是存在机会的，永远不会一律的萧条，总是会有亮点。我更希望知道什么时候该去寻找这些亮点。

尼尔：假定读者在这种情景下交易，或许分散投资是个适宜的策略。你认为是这样吗？

尼娜：是的，我认为分散投资虽然是老生常谈但的确有很大的作用。这种投资策略在熊市可能比在牛市有更高的价值，分散投资的意思是不把资金大量投入一个行业或某一类资产。寻找机会，机会总是会有的。当整个股票市场出现压力时，必定还有其他的机会。

尼尔：比如投资什么市场？房地产市场？商品市场？

尼娜：我想，房地产将是受到严重打击的行业之一，但这种打击会晚些时候出现，现在还不会立刻遭受到压力。这是你在策划投资策略时应该考虑的内容。我们这些在战后婴儿潮时期出生的一代人不久就会退休了，人口统计已经说明了这个事实。我们的下一代人口数量相对少些。这意味着房地产市场会发生变化，因此，慎重地考虑是否该在资产组合中大量持有房地产资产才是明智之举。

另一个在未来几年里会非常有趣、非常具有潜在回报的市场就是货币市场，那里会有很多精彩。

尼尔：我知道，有些人希望自己从来没听说过浮动货币。他们希望自己还是采用的金本位制。

尼娜：问题是全球出现了大规模的重建，不是企业层面上的重建，而是交易层面上的重建。我们听说各种亚洲货币及其各自的股票市场拥有巨大的交易额，但是在美国却没有几个人谈论欧洲的市场情况以及动态。欧元诞生后，资本市场一直在收敛，这种收敛意味着欧洲内部的交易机会将越来越少，这也意味着一旦欧元出现，就会有一种新的、强大的替代品取代美元作为储备货币。这就意味着全球范围内将出现潜在的资产组合巨大变化。当然，这一切都基于一个前提，即欧洲联盟无论作为一个概念还是一个实体，都真正地联成一体。这将是一个了不起的货币制度尝试。

尼尔：你认为欧盟会瓦解吗？

尼娜：我认为有瓦解的风险，但并不认为它会彻底地崩溃。目前，欧洲的一些主要市场，如债券市场，特别是利率市场，都处于收敛过程中。法国、德国和比（利时）荷（兰）卢（森堡）市场基本上已合为一体，而且已经有一段时间了。那些历史上有盈余、高收益率的国家也接近合为一体。由于利率收敛，那些买了意大利或西班牙债券的人赚了大把钞票。高收益率国家的政府做了杰出的工作，让自己做好准备以达到加入货币联盟和新的货币——欧元的标准。然而，这些严格的政策是否有可持续性还有待观望，特别是在下一个市场循环的收缩期。坦率地说，政策不需要松动，市场有必要担忧的最大事情就是货币联盟的松动，那样的话，我们就可能看到一些巨大的摆动，而美元就会成为那种波动的承受者。

尼尔：所以普通人是不是应该关注其他货币而不是美元呢？

尼娜：我是这么看的。

尼尔：因此“芝加哥交易风格”会更多地涉及货币交易。

尼娜：我认为这意味着我们会变得更加国际化。

尼尔：也许会涉及到货币基金吗？

尼娜：有道理，特别是随着欧元的发展。

尼尔：因此你认为人们又会热衷做黄金或白银交易吗？

尼娜：我预期贵金属的价格又会开始波动。尤其是黄金，正要完成一个长期的调整，下一波价格回升应该很强劲，会反映出从长长的底部向上突破的趋势。想想看，所有的中央银行都抛售掉黄金去储备纸币。如果美元价格剧烈波动，如我所预料的那样，那么黄金就又会开始对人们产生吸引力。中央银行可以把黄金价格打到18年来的最低点，也可以将其推向最高点。

尼尔：我们正经历一个通货紧缩的时期，你看这会持续多久？

尼娜：我倒不认为我们处于通货紧缩时期。虽然有些成本在下降，但整体物价水平却持续上升，只是物价上升的速度放缓了。世界各地很少有价格水平普遍下跌的地方。当然，这次很长的经济周期可能正向紧缩方向发展，但是目前我们还没有遭遇通货紧缩的那些情况。

尼尔：在《期货场内交易技巧》一书中我曾指出，目前通货膨胀依然存在。我在讲授基本分析课程中重复这一观点时，学生们还都觉得这挺荒谬的，直到看到他们自己所欠的

学生贷款金额才明白这一点。

尼娜：我也遇到同样的问题。实际上你只要注意一下日常用品的价格就会知道通货膨胀仍然存在并很活跃。当然也有一些例外情况，比如计算机、电信和其他高科技产品的价格下降，变得更便宜了。但是，住房、食品和服务的价格却持续上升。我们只要将现在的汽车价格与10年前的做一个比较就知道了。虽然近几年物价上涨的速度已经放缓了，但绝对上涨率比以前要高得多。所以这种上涨速度的放缓并不代表通货紧缩。如果研究通货膨胀的历史，你也会发现通货膨胀也有非常长的周期。历史学家大卫·海科特·费雪（David Hackett Fisher）最近写了一本书《大波浪》，讨论了通货膨胀周期。他通过对中世纪欧洲价格数据系列的研究发现，12世纪以来，欧洲出现了四次通货膨胀，每一次大约经历了90年到120年的时间。在这样的时期，通货膨胀每次都是凭空杀出，最后上升到无以复加的地步。在每一个周期的顶峰，又会由于某类危机事件使泡沫破裂。几个世纪以前，这些危机事件都是很猛烈的。而近期以来主要为一些政治特别是经济上的危机。但无论属于哪一类，危机事件都瓦解了原有的结构，于是通货膨胀停止了，即使经济和人口重新开始增长，物价也会在数十年内保持稳定。事实上，在危机发生之后的100年里，通涨率通常会保持一个温和平缓的水平。最近的一个没有通货膨胀压力的时期发生在上一个世纪的维多利亚时代。在维多利亚时代之后，由于人口增长以及随之带来的经济需求又达到一个关键点，新的经济周期又开始了。自1200年以来，这种周期循环总共发生了四次。

我们正处于一个100年一次的通货膨胀周期的末端。我对长周期的研究表明，下一个新的千禧年可能不会像我们过去20多年所看到的情况一样。海科特教授的通货膨胀周期理论也显示，真正的通货紧缩已经离我们不远，只要有某种事件就会触发这一日益逼近的变化。虽然我们不可能准确预测将来到底会发生什么事，但将来的情况很可能会与现在完全不同，会与我们现在认为理所当然的情况截然不同。不过，对于那些了解周期信息的人来说，这蕴涵着极大的机会。

尼尔：尼娜，非常高兴能够分享你的见解。

注：尼娜·库柏的电子邮件地址是：ngcooper@internetni.com

资料站
天下没有免费的午餐

有道是天下没有免费的午餐，但偶尔你也能吃上一顿。

芝加哥商会（The Chicago Board of Trade）成立于1848年，旨在促进芝加哥的商务活动，最初拥有82名会员，对谷物交易没有特别兴趣。本市的谷物交易者及商人同样也对芝加哥商会没有特别兴趣。此商会在其成立的初期，曾用免费午餐来吸引会员。显然，即使这样也不足以诱惑人们前来加入商会。1851年7月，有四天只有一个会员出现，还有四天没有一个出现。交易者宁愿在街头一堆堆的小麦与燕麦堆里做生意。

1850年代的克里米亚战争改变了这一切。由于这场战争，对美国谷物的需求大大增加，经由芝加哥转运的小麦数量剧增。这样一来，谷物经纪人集中在某一特定场所里进行买进和卖出就变得容易多了。

现在，大家都在谈论经济全球化，因此很容易忘记我们美国谷物的买家在南北战争前都是从欧洲千里迢迢来到这里做生意的。

随着在谷物交易界声望的与日俱增，芝加哥商会开始采用商品质量等级标准，最低级别为“拒收级”。这种质量等级制度始建于1856年，它使得交易者能够大批量买卖特定等级的小麦——而不是特定重量的一袋袋的小麦，那样太笨重了。在这个基础上，很快就发展到了在未来进行谷物交货的合约买卖。南北战争之后开始的期货交易在数量上很快就超过了现货交易。到1875年，据《论坛报》（Tribune）的报道，芝加哥的谷物交易额高达两亿美元，而期货交易额是它的十倍，即20亿美元。

随着时间的流逝，现在场内交易所采用的公开叫价制度渐渐演变而成，而且一直沿用下来。然而，随着电脑交易越来越普及，那样的日子也即将结束了。

芝加哥商会至今仍然是世界上规模最大的期货交易市场，不仅有农产品，还有美国国债及其他金融产品，如芝加哥市政府债券、金属及其他产品。交易者早就远离了享用免费午餐的好日子，现在得为取得会员资格付出更多的代价。以1999年为例，取得一个完整的会员资格得付出高达710000美元的席位费。

资料站

后向测试

第一封信是对后向测试系统的证明书

作为一个交易者，我确信程序化的后向测试交易系统确实有效。不过，作为一个医生我要告诉你，人们的确可以培养出第六感觉。人们可以在所有的测试结果出来前就能觉察到有什么不对头，以及该相应地采取什么措施。这个能力可以将你稍稍置于群体之首——无论他们是细菌交易者还是其他商品交易者，哪怕是提早知道几分钟或几小时都有天壤之别。当然，在科学界，所有的结论无论如何都是要接受检测的，因为有时候你可能完全错了。但是，我的“医生的本能”80%的时候都是正确的。许多程序化的交易系统不能公开宣称此类“利润百分比”的准确性。我相信，交易场所里肯定有职业交易者跟我一样对市场有同样的敏感性，而且他们显然拥有比我这样的程序化交易者更多的优势。

柯林特

第二封信回应和反驳第一封信的论点

在我们最喜爱的杂志《股票与商品的技术分析》的10月份的期刊中，刊登了一篇詹姆斯·欧肖利斯（James O'Shaughnessy）的访谈录。如果你对后向测试是否真能提高交易策略持有自己的观点，这篇文章就值得一读。欧肖利斯的最有趣的观点是，后向测试模型在人类活动的所有领域都很有作用，不仅仅只用于交易领域。这种模型，被他称之为数量/精算模型，其效果总是优于非后向测试模型，也就是他所称的临床/直觉模型。这种模型适用于医生诊断疾病，就如同适用于赌马者挑选赛马一样；适用于大学招生委员会选拔入学新生，就如同适用于假释官审核被假释者一样；适用于信贷员审核贷款申请，就如同适用于交易员判断市场行情一样。

关键是要选择一套后向测试效果理想的模型，然后坚持使用下去。

祝交易顺利

选自omegalist@eskimo.com

资料站

你需要的不是后向测试，你需要的只是钞票

1960年代末期，本·史瓦兹（Ben Schwartz）垄断了猪肚肉市场。当我对他女儿提及此事时，她告诉我，她父亲是靠向她姐姐借贷的50美元起家的。到了1948年，这家公司已发展成全美国最大的剔骨牛肉企业——这对一个高中辍学的人来说已经很不错了。用他女儿凯西的话来说："你没能在1989年我父亲去世前认识他真是太不幸了。他是一个活生生的证据，证明人是需要勇气、毅力和勤奋才能把握机会的。"

那么本·史瓦兹是如何垄断市场的呢？原来他所拥有的肉类剔骨包装厂隔壁就是美国冷藏仓库。因此，他只需要不断地买进猪肚肉，搬进冷库。当市场上传出猪肚肉短缺的消息时，你猜结果如何？本·史瓦兹出清存货。由于他拥有这个产品，他当然能够真正获得成功。直到今天我还牢记着这段故事。有很多这样的精明人，他们没有电脑和软件，但他们懂得供与求的基本原理。

第3章 Chapter Three

迪克·奎特（Dick Quiter）

我眼中的合理指标

迪克是我见过的最低调的经纪人和顾问。20多年来，迪克的客户在市场中的交易寿命之长，表明了他丰富的交易经验。在所谓的芝加哥交易风格中，有一些流行的指标为广大交易者和经纪人所使用。奎特在这里要和我们谈谈他所偏爱的指标。

尼尔：迪克，我们谈谈你所偏爱的一些指标。如果你不介意，我打算采用你在这次访谈中提供的一些实例进行说明。迪克，你所偏爱的指标是哪一种？

迪克：哦，我没有特别偏爱的某个单一指标。我想补充说明的是，指标本身就应该是一个指标体系，由多个指标构成。人们把太多的时间花在研究指标上面了，而忽略了驱动行情的基本因素。但是，“背离”（divergence）的确是我非常重视的一个指标，这个指标可用来界定许多概念。图3–1说明了成交价格与成交量之间的背离关系[1]。在二月份的头两周里，当价格下跌时，成交量却上升了。这表明市场处于一波卖压行情，这个行情最终在当月底才结束，价格又重新开始回升。

尼尔：迪克，你也采用一些趋势判断指标，对吗？

[1] 图表由Aspen Graphics提供，版权所有，1999，Aspen Research Group Ltd.

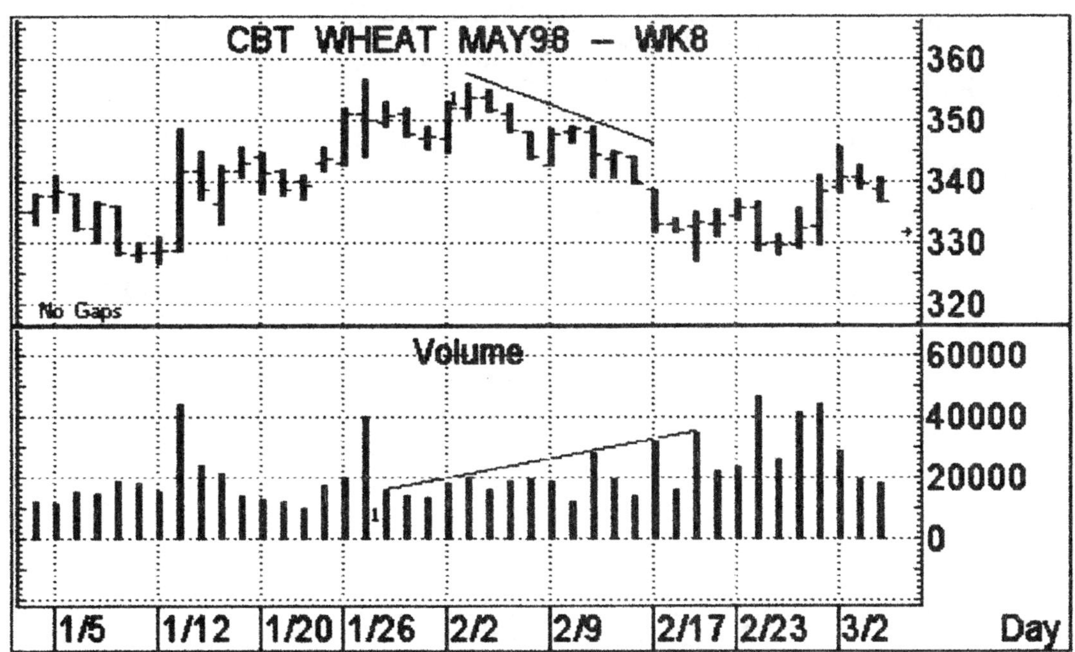

图3-1

迪克：是的，我喜欢使用移动平均值。移动平均值常常用来判断一个趋势的方向和强度。移动平均线越陡峭，趋势就越强劲。

还可用多个移动平均值来判断进场和出场的时机。当短期移动平均线穿越长期平均线，这就是个信号，表明总体趋势正在发生变化。如果这种穿越发生在价格极端偏高或偏低的区域，这一判断方法就特别有用，如图3-2所示。

平滑异同移动平均指标（moving average convergence divergence，MACD）是对多移动平均值思想的扩展。图形中绘制的MACD线是不同期间的两条指数移动平均值之间的差值，进场与出场的信号线则是这一差值的指数移动平均值，如上所述（见图3-3）。所示图形中，MACD线首先在指数低位区向上穿过信号线，并且快速与信号线分开。接着这两条线又重新开始聚合，其最终标志是MACD线在三月份的第一周向下穿过信号线。我想提出一个警告，即移动平均指标在盘整行情中使用也会产生困难。我喜欢将移动平均指标当作一个潜在信号，如果你愿意也可把它当作一种准备机制。我见过太多的基于移动平均指标的交易系统，但每个月我都要对这些系统进行优化。

尼尔：我注意到你喜欢使用不同的趋势强度判断指标，比如动向指数（directional movement index，DMI）。

迪克：是的。

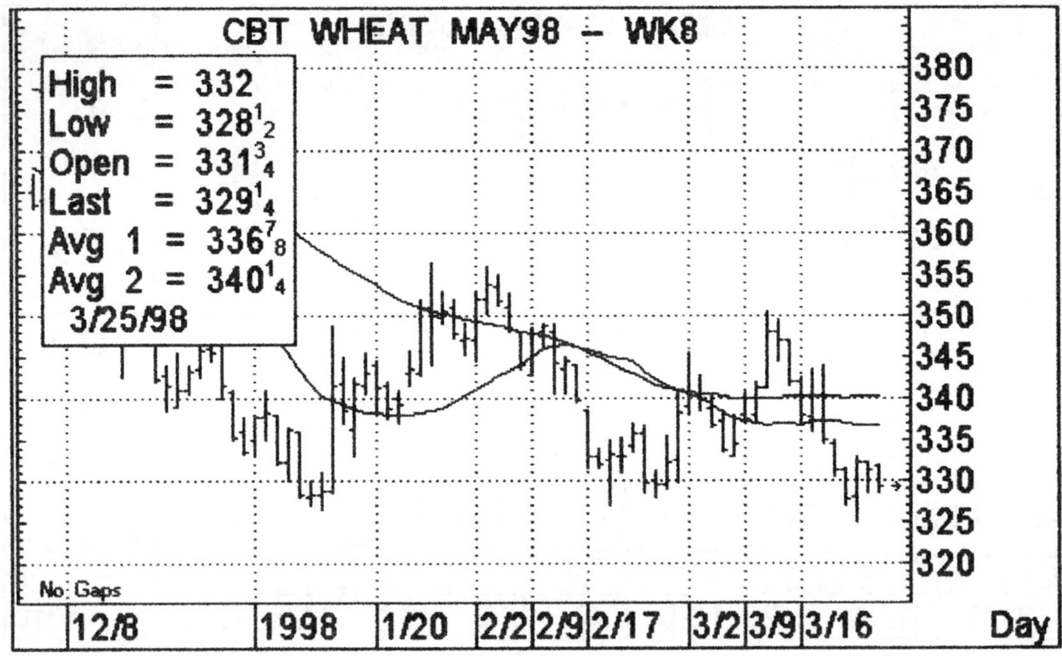

图3-2

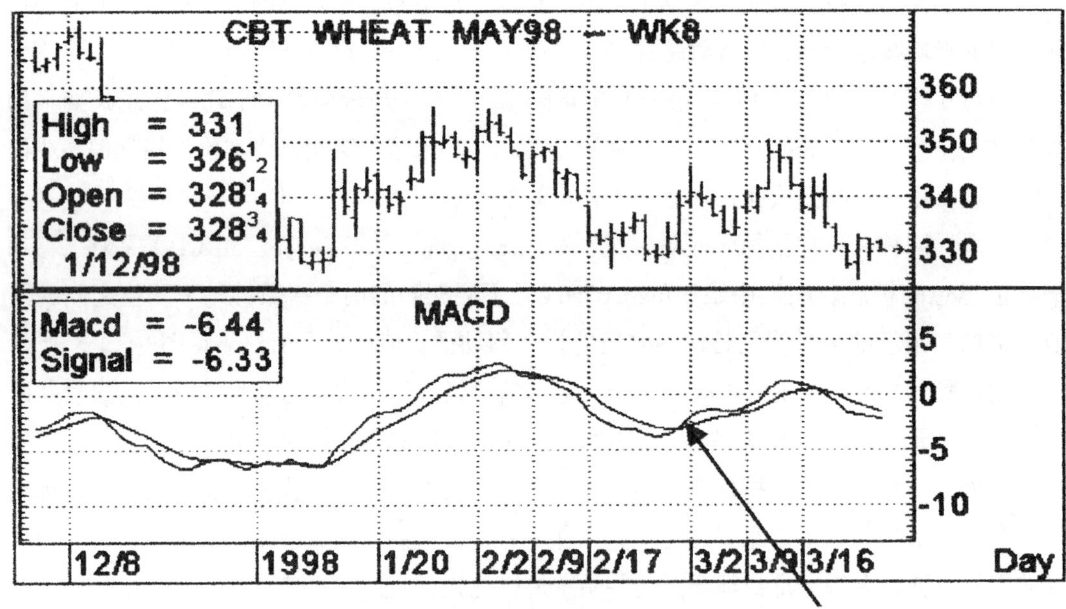

图3-3

尼尔：你可以告诉我动向指数的确切定义吗？

迪克：没问题，尼尔。动向指数的作用是测量趋势的强度，如图3-4所示。

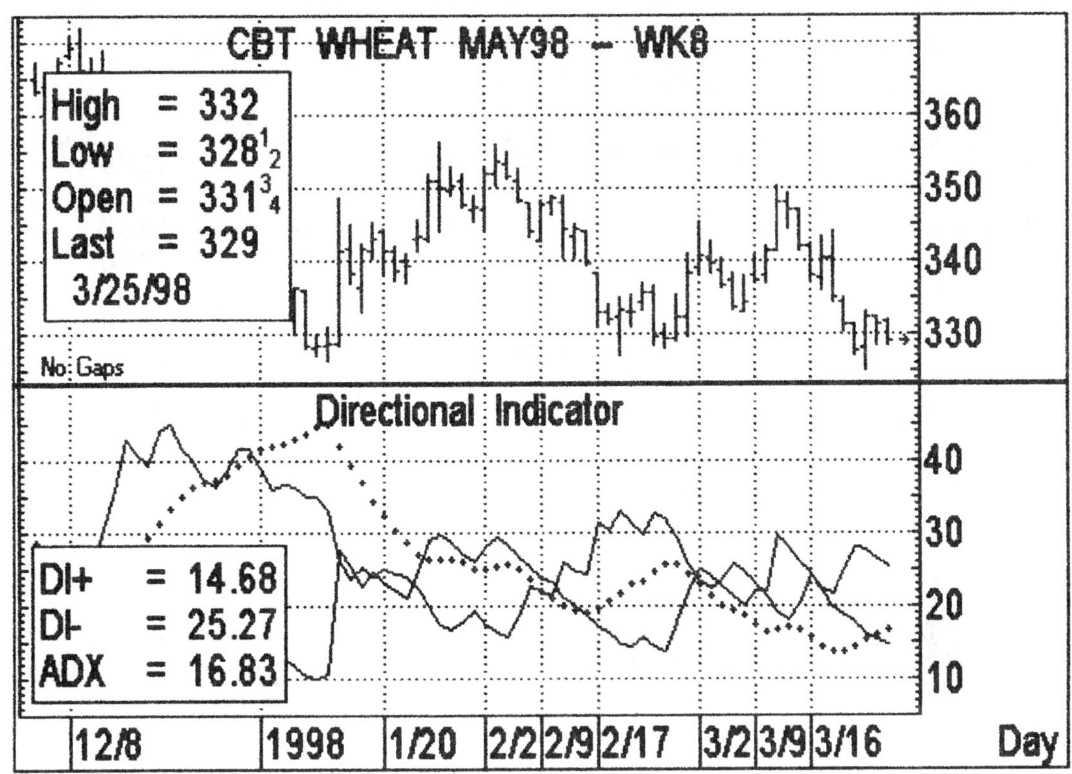

图3–4

尼尔：迪克，我还注意到，随机指标（stochastics）是另一个你所偏爱的趋势转折判断指标。能否简单介绍一下？

迪克：随机指标是判断行情转折的指标。这类指标背后的理论相当简单。价格上升时通常会使收盘价位于价格区间的上端。同样，如果收盘价位于价格区间的中间附近，就可能说明市场处于盘整行情。

尼尔：那么，%K是什么？

迪克：别太在意指标的定义，就把它作为一个随机数值好了。

尼尔：那%D值又表示什么？

迪克：%D就是%K的移动平均值。

尼尔：所以，%K的变动速度总是要比%D的快吗？

迪克：没错。因为%D是移动平均值。简单地说吧，一般情况下，指标值小于30%表示超卖，而大于70%表示超买。%K和%D这两条指标线只会在70以上和30以下的位置交叉。

尼尔：因此，在趋势强劲的行情中，市场会持续在超买或超卖状态吗？

迪克：我想图3-5可以说明这一点。

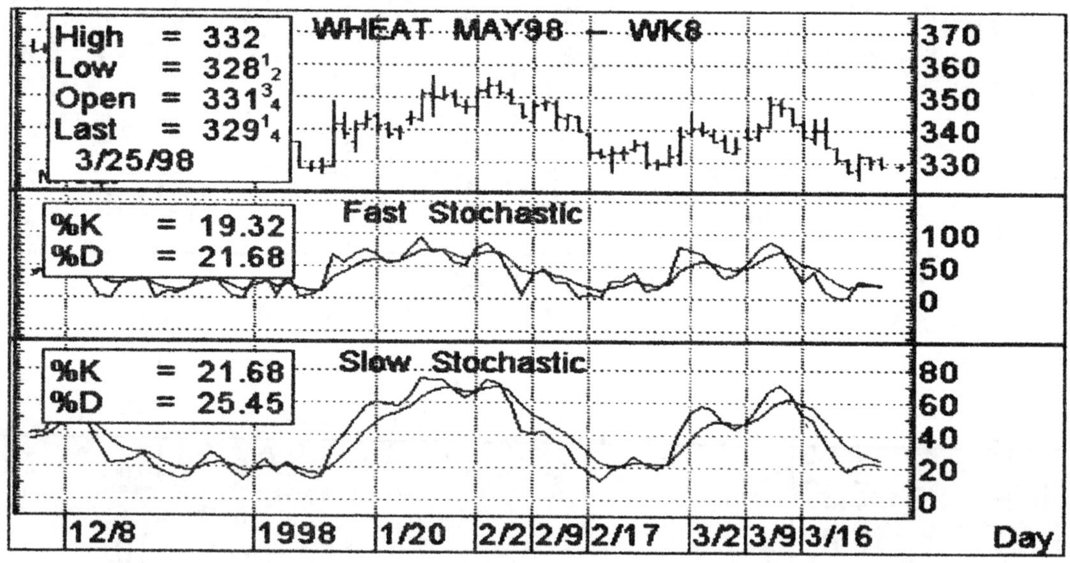

图3-5

尼尔：你还有其他偏爱的指标吗？

迪克：我还喜欢相对强度指数（relative strength index，RSI）（见图3-6）。

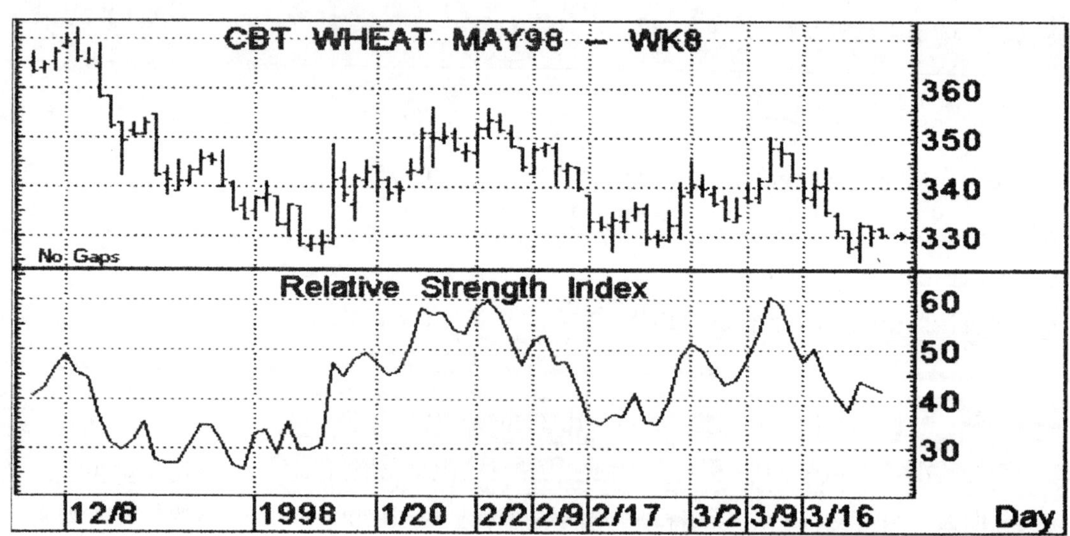

图3-6

尼尔：你是否使用趋势加速指标？

迪克：我只使用动量指标（momentum）（如图3-7中所示）和加速指标（acceleration）（如图3-8中所示）作为枢纽点指标（pivot point indicators）。

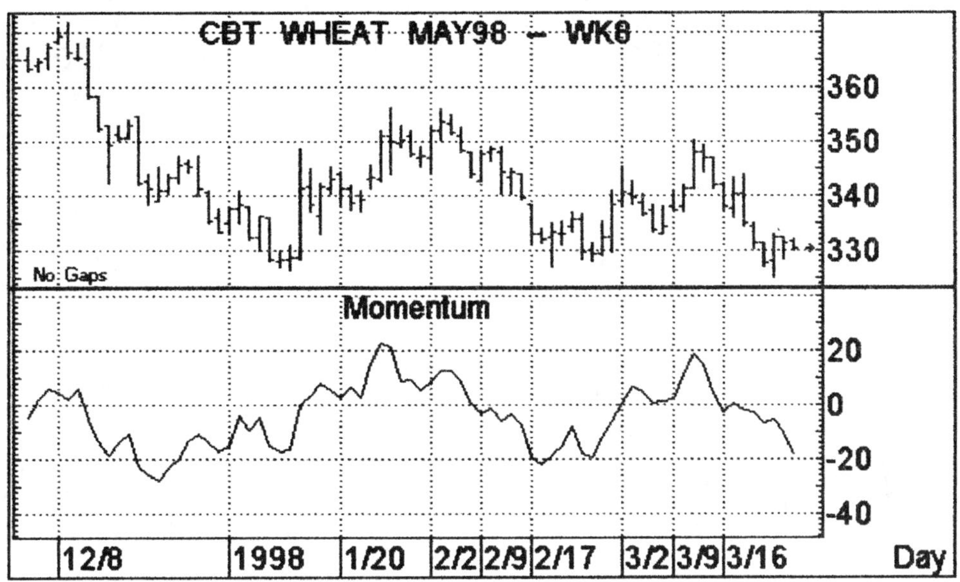

图3-7

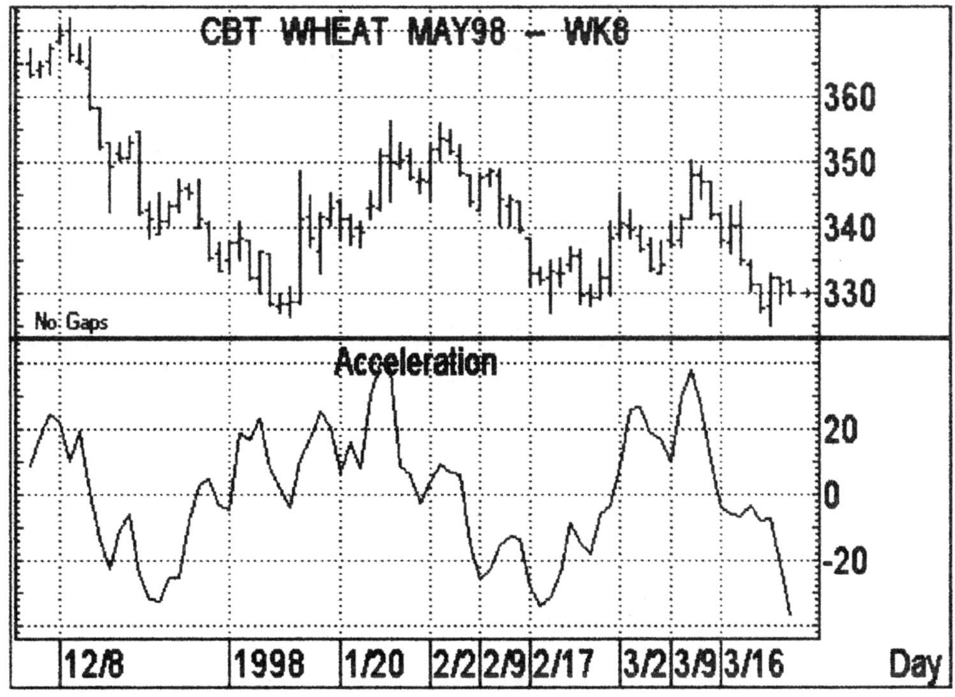

图3-8

尼尔：我也注意到有一种抛物线图形。我想那是你感到翻胃时服用的吧。

迪克：哈！不是，实际上图3-9解释了抛物线的概念。

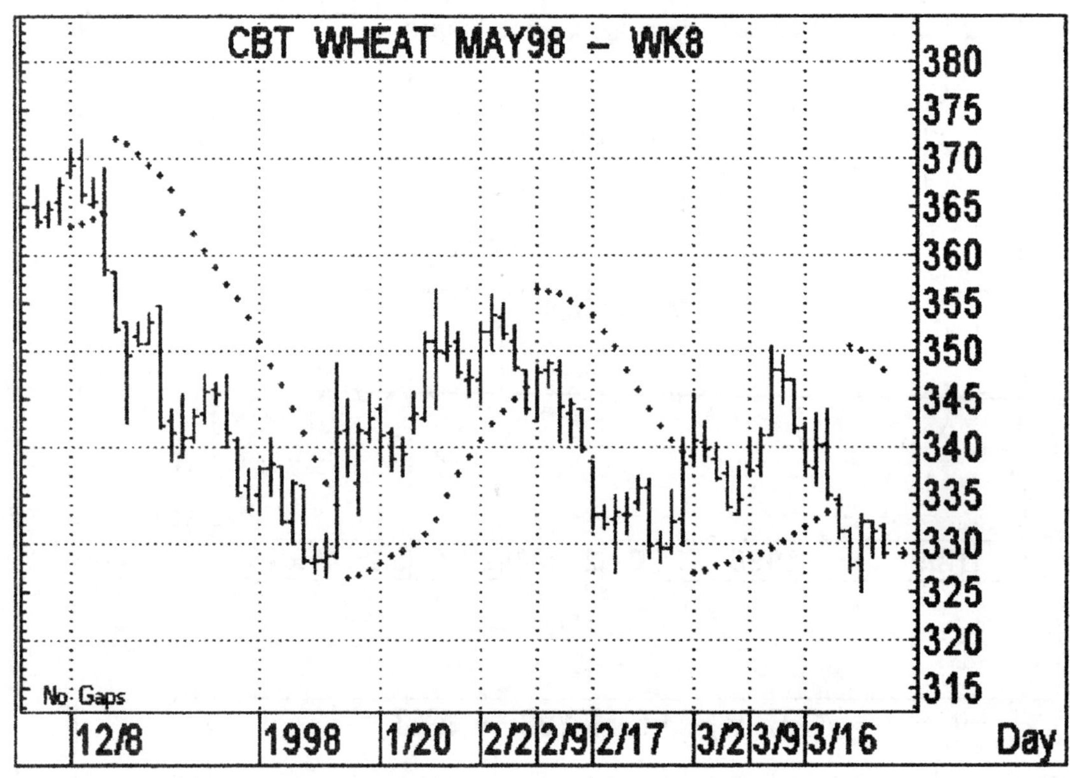

图3-9

尼尔：你也喜欢使用斐波那契返回水平指标（Fibonacci retracement levels）。能否讨论一下？

迪克：嗯，这可能是一整本书要讨论的内容，不过，图3-10说明了其基本内容。

尼尔：好了，迪克，非常感谢你接受这次采访。

迪克：我非常乐意，尼尔。但是请记住，我是利用基本面分析来判断市场方向，然后才利用其中一些技术指标来精确制定进场和出场的策略。

尼尔：再次谢谢你，迪克。大体来说，你认为人们一般需要多少指标？

迪克：不超过三个，当然，这三个指标不应该用于解决相同的问题。

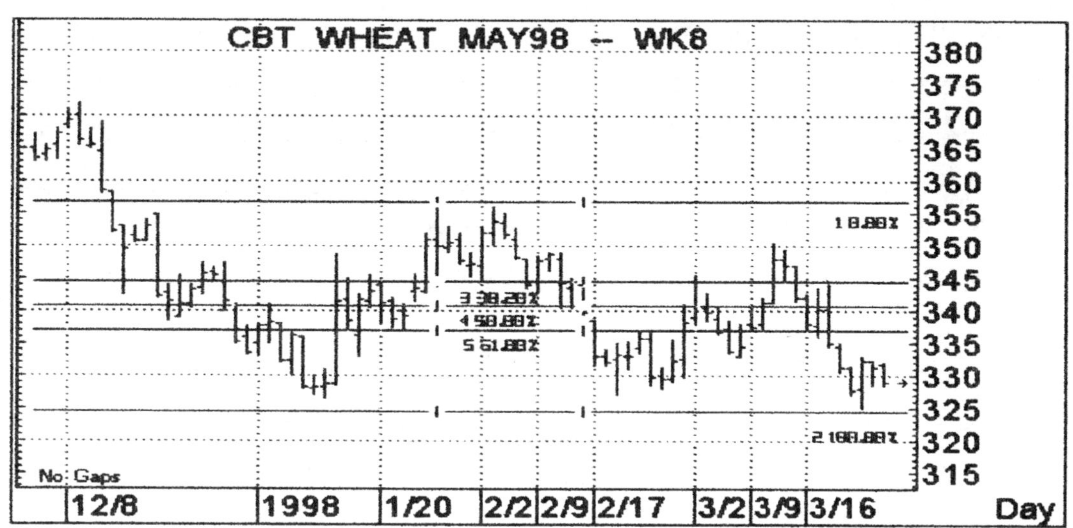

图3-10

尼尔：你是说有滞后指标就不要领先指标，就像随机指标一样？

迪克：要是我不了解你，我准会认定你是高中毕业生。

尼尔：我真的是，迪克，真的是。

注：迪克的联系方式：1（800）234-8540，或dickquiter@aol.com

资料站

外科医生的交易

下面是通过互联网发送给马克·布朗的一封信，可谓无价之宝。布朗的回信对希望在期货市场迅速暴富的人极具参考价值。（马克·布朗也接受了本书作者的采访。请参见第六章。）

亲爱的布朗先生：

我恰好在一个新闻组布告板上看到你的名字和电子邮件地址。我是一个62岁的外科医生，希望耽搁你几分钟时间。我做当日冲销交易完全是个新手，但还是想试一试。倒目前为止，我小量地买卖一些股票和共同基金，通常都持有数月或数年。我总想试试当日冲销交易，但完全不知如何学习最好。

实际上，我打算和我一个非常聪明但完全没有经验的朋友一起干，由我供她培训，提供设备和数据，然后送她到城里去学。她是一个36岁的研究生（心理学/神学），智商超过188分，钱包里夹着Mensa信用卡……她非常聪明，但也没有任何经验。交易培训行业似乎有几个杰出的行家。我一点儿都不知道，是该花1200～3000美元参加为期几天的培训课程（或者是迪纳举办的长达三周的课程）好呢，还是该自己看书或是在家上课也能获得同样的或更多的效果。百老汇课程的优势之一，就是你可以在交易时段现场观看当日冲销者进行交易。当然，我会需要书本和数据资料方面的服务。

你能否给我提供一些建议，教我怎样着手吗？我会乐意为你因此耽误的时间付费的。

布朗先生的回信如下：

把钱捐给慈善机构吧，对你来说，那样会比你的钱被我这样的人拿走感觉好得多。说真的，这是一场傻瓜们的游戏，所有的钱都被极少数的职业玩家拿走。高智商对你也无济于事。换个角度来说，我想成为一名医生，你能给我推荐一本好书吗？瞧，我打算在我的车库里做一些心脏移植手术，不久就退休，请给我些建议吧。如果必要的话，我会花3000美元去参加一个为期三周的培训课程。虽然我讨厌花这样的钱，但如果你能保证我会学到所有的一切，我会付钱的。

谢谢，

马克·布朗

第4章
Chapter Rour

唐·崔卫特（Don Trivette）
价差交易

唐·崔卫特代表着在芝加哥发展的一类新型交易者。唐同时在场内和场外交易。直到过了四十岁，他才决定在交易上试试身手。

尼尔：你是一名S&P交易员，而且同时在场内和场外进行交易，是吗？

唐：的确如此。我通过自己的账户交易，在场外我则通过全球交易网络（Globex）终端进行交易。

尼尔：如此说来，电脑不会让你感到恐惧，许多人都患有电脑焦虑症。

唐：我一点儿也不害怕。事实上，我喜欢电脑。你知道，我相信市场行情是有趋势的，或许你愿意称之为周期。一个周期包括上升趋势和下跌趋势，从而构成一个完整的“周期”，但我经常不作区分地交替使用“趋势”和“周期”这两个词。我认为市场行情有不同长度的周期（趋势）。图4–1是一个假设的图例，说明两个不同长度周期之间的关系。

尼尔：你的图例看上去还挺复杂。

唐：哦，乍一看是有点儿，但请你再仔细看看。与长度较短的周期比较，外侧边线代

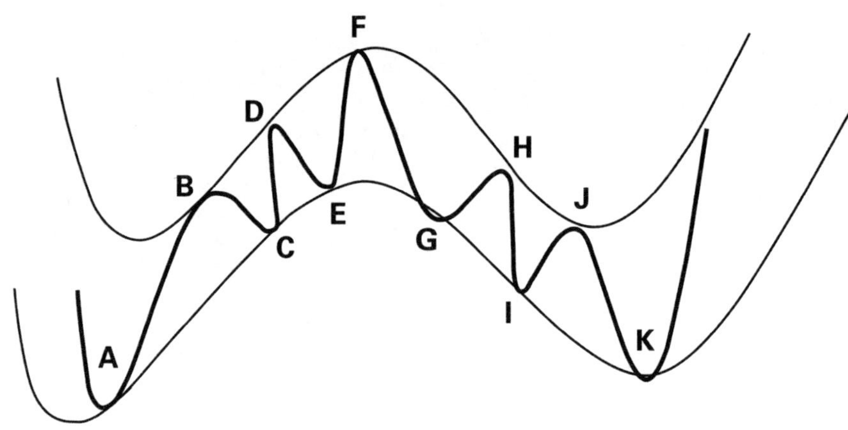

图4-1

表较大的周期。这个图形或许就是日线图中的一小时周期图，也可能是时线图中的10分钟周期图，或者是10分钟线图中的一分钟周期图。

一个积极的当日冲销交易者会观察一分钟走势图，希望把握仅仅历时几分钟的行情走势，捕捉到仅有的那么一、两个微小的盈利机会。他需要将一分钟走势图与10分钟周期走势图进行比较。

一个不那么积极的交易者也许一天只寻找两三笔交易。他也许会看10分钟周期走势图，把它和一小时周期图进行比较。

一个更长线的交易者可能将小时走势图与日线图进行比较，每周或许只进行两、三次交易。股票投资者或许会将日线图与周线图进行对比，甚至比较周线图与月线图，以选择股票交易的时机。

这里的关键是，即使在较短期的行情周期中进行交易，也要知道行情处于一个较大周期的什么位置。比如，图中C和E点是买入机会，H和J点是卖出机会。如果想在G和I点买入或在B和D点卖出，就要格外小心了。A和F点是主周期的转折点，在这些点进行交易是高风险高回报的。有些交易者总是选择在这些转折点处进行交易，而另一些交易者偏好低风险交易。

请注意这里只是一个假设的图例。在一个完整的主周期行情中，会有急剧上升或急剧下跌的波段。我在图中只绘出较大周期中的五个小周期。小周期只可能会更多，不会更少。

另外，上升波可能会多于下跌波，或者相反。这可能是下一个较大周期所产生的效应。关键是交易要与较大的周期同步。如果你希望更多地了解周期，我建议你研究一下爱略特波浪理论。我不是纯粹的爱略特理论研究者，但我相信这方面的知识应该对交易者会有帮助。

尼尔：在实际交易中你是怎样操作的?

唐：我整天都不断地绘制趋势图。通常我也根据重要点位绘制出趋势的平行通道线。通道图从视觉上很好地展现了短期趋势。绘制通道图，如图4-2所示，只需要A、B和C三个点。

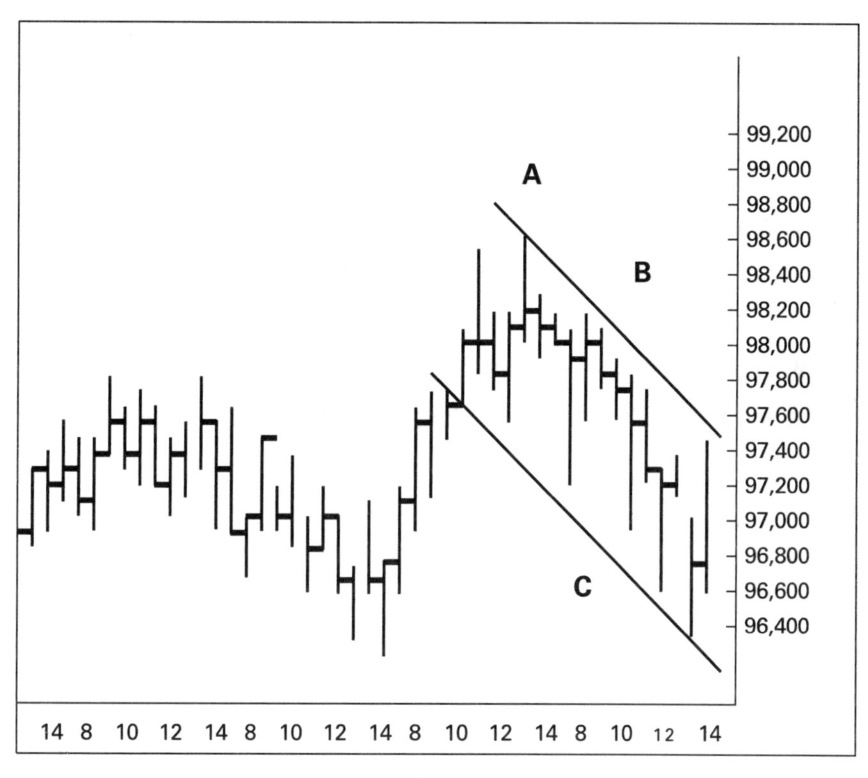

图4-2

如果市场价格略微突破通道线并且又回到通道内，我就会修改通道线的位置。我不断修正趋势线，最终得到一幅尽可能精确的行情趋势图。

我不断评估价格走势是否还会在这个通道内，是否会发生突破。我还利用其他信息，如随机指标，来帮助我评估这个可能性。

我刚收到一位朋友的电子邮件，他上个星期初卖空了12月份黄豆饼短期合约，设定了3美元的止损。当然，他被止损出局，而豆饼价格现在也确实下跌了。（我不是取笑这位朋友，只是发泄一下我自己使用止损方法的挫败感。当我设定好止损，行情总是触到我的止损处，然后就立即反转。要是我不设定止损，市场行情又会令人惊讶地朝着对我不利的方向走得很远。）

他请我对此发表评论，我想谈一点看法。

尼尔：好的，请继续下去。我想其他交易者对此也会感兴趣。

唐：首先申明，我不知道他交易时的期权价格。我假设他是在星期五（9月4日）的收盘价位做空12月份豆饼合约。因此，我可以考虑一些可能的选择。

12月份豆饼期货合约价格为131.80美元。不做期货合约，他可以买入折扣很大的选择权。12月份140选择权的交易价是10.6美元，折扣价格为8.2美元。如果豆饼价格下跌，买进选择权的获利将少于做空期货合约的获利（差值就是选择权的时间价值）。

他持有一个风险有限的头寸，不一定要设定止损。如果不设止损，会有更多的机会等待市场出现有利走势。当然，这么说不是很公平，因为选择权的价格高达10.60美元，而他只冒了3美元的风险。

总之，买进折价选择权通常优于做期货合约。权利金的时间价值或许不太贵，使你不必使用止损。想想你所做过的所有交易，在这些交易中你被止损出局，然后市场行情又发生反转，朝着本来对你有利的方向发展。

我们通过下面这个假想的例子来说明这点。

10月份黄金期货今天（9月9日）的收盘价是285.10美元。10月份285黄金期权收盘于1.50美元。

策略：

买进五张10月份黄金期货合约，买进十口10月份285黄金期权。（为了计算简单，假定我们以285美元买入五张期货合约。）每口期权成本为1.50美元，十口期权总成本为15.00美元。若不考虑佣金，这一策略的最大风险就这么多。

情景1：10月份黄金价格上涨。

以286美元，卖出一张期货合约。这张合约获利1.00美元
以287美元，卖出一张期货合约。这张合约获利2.00美元
以288美元，卖出一张期货合约。这张合约获利3.00美元
以289美元，卖出一张期货合约。这张合约获利4.00美元
以290美元，卖出一张期货合约。这张合约获利5.00美元
总计获利15.00美元

情景2：10月份黄金价格下跌。

以284美元，买入一张期货合约。这张合约获利1.00美元
以283美元，买入一张期货合约。这张合约获利2.00美元

以282美元，买入一张期货合约。这张合约获利3.00美元
以281美元，买入一张期货合约。这张合约获利4.00美元
以280美元，买入一张期货合约。这张合约获利5.00美元
总计获利15.00美元

如果行情继续下跌，这些合约的利润是根据285美元的卖价计算的，也就是期权的执行价格。

在这两种情况下，你的获利都足以支付期权的价格。但是，如果黄金价格没有上涨到290美元或跌至280美元，那该怎么办呢？这就是情景3：

如果黄金价格上涨到286美元，那就卖出一张合约。如果价格回落至285美元，那就买回一张合约，获利1.00美元。当黄金价格又上涨至286美元，就再卖出一张合约。如果价格继续上涨到287美元，再卖出一张合约。如果价格回落到286美元，买回先前以287美元卖出的合约，这笔交易获利1.00美元。如果价格继续下跌至285美元，买回先前以286美元卖出的合约，这笔交易获利1.00美元。如果黄金价格跌至284美元，买入一张合约。如果价格盘整一段时间后回升至285美元，就卖出一张合约，获利1.00美元。

黄金价格每上涨1.00美元，就卖出一张合约，直到卖出你所有的合约。黄金价格每下跌1.00美元，就买入一张合约，直到你持有十张合约。每次价格摆动1.00美元，你就赚1.00美元。当价格这么摆动十五次，你就把期权的成本赚回来了。

理想的状况是黄金价格上下波动几次，让你有机会在这种波动中获利。然后，希望价格直线上升或下跌，让你再获得情景1或情景2中的十五点利润。

尼尔：我知道你在互联网上提供免费课程，这些课程要比你刚才所说的更容易掌握。

唐：是的，我希望通过这些课程使大家逐步掌握知识。

尼尔：你也知道，价格波幅是交易中一个重要的考虑因素。

唐：的确如此。

尼尔：那么，给我举个例子，你在互联网上是如何说明波幅的。

唐：你是说你希望看一个网络教材的样本？

尼尔：好啊，为什么不呢……但教材必须“免费”哦。

唐：我把这部分内容称为中级商品期权＃25。

波幅是一个很难解释的东西，但是理解它并不难。相对一个虚值期权，交易者总期望在到期日之前期货价格能够出现有利于行使期权的走势。这种期望可能基于许多因素。其中之一就是期货价格最近的走势——期货价格的历史波幅。如果期货价格现在是1150，但上周是在1240之上，那么我们有理由期望，在未来四周内期货价格会回到1240之上。如果期货价格现在为1150，上周为1050，同样我们也有理由期望，在未来四周内期货价格会继续上升100点。在这种情况下，买入价格为1240的期权应该相当有价值。

计算波幅有一个数学公式，但这里我不准备讲解它。我只告诉你，计算历史波幅需要计算机帮忙。你需要做的就是收集特定期间（通常为20天）的期货价格数据，计算每天的期货价格变动范围——以及整个期间的价格变动范围——并把这些数字编制成指数。

如果期货价格走势较平稳，期权的价值当然也就比较低。反之，政府公布一个报告，或许市场就会出现重大行情。期权交易者会要求较多的溢价，以补偿政府发布报告期间所承担的风险。这种高于实际波幅之上的额外价值被称为“预期波幅”。

专业交易员还用另一种方法来度量波幅，称作“隐含波幅”。这也是一个非常复杂的数学公式，计算它也需要计算机。一般来说，计算方法是，先考虑期权的价值，再将这个价值与一些因素进行对比，如合约的到期时间和溢价数量。然后根据计算公式倒推期货价格波幅应该是多少，才能“隐含”现在的实际溢价。

让我来对波幅做一简单说明。波幅对期权价值的影响与时间的影响相同。波幅越大，期权价值越高；到期时间越长，价值越高。反过来，波幅越小，期权价值越低；到期时间越短，价值越小。时间和波幅是紧密联系在一起的。

如果到期时间还很长，但价格波幅非常小，那么期权溢价会较小。如果期权即将到期，即使波幅很大，期权溢价也会很小。要使期权有较高的溢价，既需要时间也需要波幅。

波幅对我们刚讨论过的垂直套利交易有什么影响呢？以下是12月份S&P期货的买入期权在1998年11月18日的收盘价。

这些期权都是虚值期权。如果价格波幅缩小，所有期权的价值也会减小，两个价差也

期权月份	价格	价差
12月 1240	@买入期权 1.10	
		0.80 > 价差买方所付金额
12月 1230	@买入期权 1.90	
12月 1210	@买入期权 4.80	
		2.20 > 价差买方所付金额
12月 1200	@买入期权 7.00	

会缩小。如果价格波幅突然变得很小，这些期权以及价差也会突然接近零。

接下来，让我们考虑另外两个例子：

这些期权都是实值期权。如果价格波幅突然缩小，所有这些期权都会失去其价值，接近它们的内在价值。但是，由于这些价差都处于实值状态，实际价差的价值会上升，接近履约价格的间距10.00。这方面的影响与到期时间缩短完全相同。

当垂直价差处于实值期权状态，波幅缩小有利于提高价差的价值。

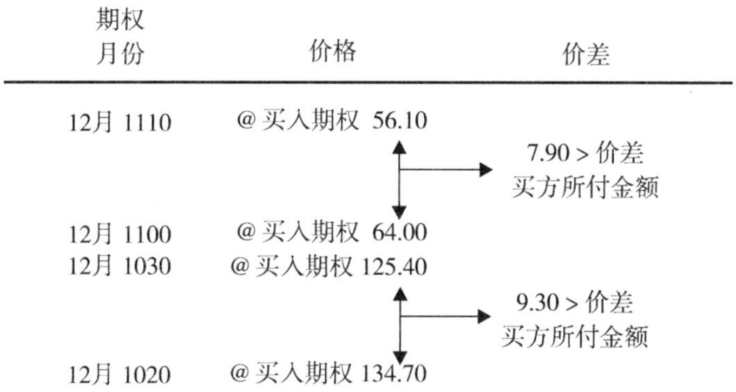

尼尔：这种垂直价差合约是真正的高级期权合约。

唐：没错，但如果你像我一样采用芝加哥交易风格，就必须理解期权，因为这有助于估计期货价格将如何变化。

尼尔：谢谢你的指导。

唐：代价就是请我吃午餐。

尼尔：墨西哥玉米卷，我们来了。

资料站

交易者类型

交易者有许多类型。了解各种类型的不同特点，有助于你规避一些陷阱。

自律型：这是最理想的交易者类型。你坦然面对损失和盈利。你专注于交易系统，自律地遵从系统的指示。交易通常成为一项轻松的活动。你知道，亏损并不代表失败。

怀疑型：你感到很难按系统信号进行操作。你怀疑自己的能力。你需要培养自信。或许你应该做一些模拟操作练习。

抱怨型：所有亏损都是别人的错。你责怪价格撮合太糟糕，责怪经纪人接电话太慢，责怪交易系统不完美。你需要培养自己的客观判断能力和自我负责的精神。

牺牲型：你责怪自己，觉得市场就是要惩罚你。你开始在交易中相信迷信。

乐观型：你开始想："只不过是钱而已，过会儿我会弄回来的。"你认为所有的损失都会变为盈利，或者明天的交易会恢复正常。

赌徒型：你做交易是为了寻求刺激。钱只是小事一桩。交易的风险和回报分析几乎不在你考虑范围之内。你只想成为一个玩家，感受刺激与兴奋。

胆怯型：每进行一笔交易，稍有利润就恐慌，过早了结获利。恐惧左右着你的交易。

第5章 Chapter Five

格兰特·诺伯（Grant D.Noble）芝加哥不是纽约，懂吗？

我在芝加哥一家电视台做节目时认识了格兰特·诺伯。他是《交易者优势》一书的作者。

尼尔：你觉得芝加哥交易风格与其他城市的相比较如何？

格兰特：与绝大多数其他金融中心相比较，芝加哥绝对更为友善。我最近公布的一份报告显示，技术分析师现在已经成了媒体明星，收入高于与他们地位对等的基本面分析师。有个人从纽约打电话给我，说这不是事实，高科技分析师的收入比华尔街的技术分析师还要高。我问他，你在电视上看到的钢铁、汽车和零售等行业的一般分析师，其收入是否高于“电视明星”技术分析师。我的意思是，你在电视上看到的基本面分析师和技术分析师，前者的收入平均少于后者的。但是，无论这样做会让他们显得多么愚蠢，许多人仍热衷于贬低别人，挑一些最微不足道的毛病。芝加哥以外的世界似乎已经放弃了对如何交易的思考。他们或是专注于向大众推销（最时尚的投资品），或是专注于内幕消息（关于公司盈余的“秘密数据”，或关于联邦政府的可能行动，如“财政部长昨天告诉我”，等等），这只能在非常特殊的市场中起到一点暂时的作用。

尼尔：不过，我们也不都是一群圣人，是吗？

格兰特：当然不是，芝加哥也有很多高明的骗子，他们推销一些最时尚的投资品。可是，或许正因为这里没有内线告诉人们，今年夏天是干燥还是潮湿，所以芝加哥没有真正的由内幕消息引起的混乱。芝加哥专注于有用的东西，而不是畅销的东西。所谓有用的是指成熟的技术分析，而不是那些打着“技术分析”幌子的垃圾。1973—1974年的商品交易市场大牛市，使许多期货交易者对技术分析充满了敬畏。当“基本面分析师”站在一边看着“不可能的走势”发生时，像吉尼·凯西曼（Gene Cashman）和理查德·丹尼斯（Richard Dennis）这样的技术分析派人士却在大发横财，成了亿万富翁。在此之前，技术分析师被人们看作是些只能躲在背后小房间里的疯子，他们低声讨论着自己的图表，生怕被别人听见。现在，他们却成了不会犯错误的神仙。自此以后，大多数期货“技术分析师”的成绩每况愈下，但这也让一些精明的交易者有机会开始研究真正有效的东西。现在，期货业内较精明的交易者正迅速地摆脱另一个由计算机排列的“圣神的六大元素”（开盘价、最高价、最低价、收盘价、成交量和未平仓量）。

尼尔：除了期货市场，你认为股票和债券市场的情况怎么样？

格兰特：我个人的看法是，股票和债券行业目前已发展到期货行业20年前所达到的位置。股票市场史无前例的大牛市行情彻底打破了每一个“基本面”规则。传统指标都被扔进了垃圾桶，股票市场一路飙升，价值高出1929年的50%（相对于GDP而言，这是“新模式”所不能合理解释的）。股票技术分析师把基本面分析师压得不敢出声。要是在过去，某些新闻（如克林顿的丑闻、巴菲特买进白银、叶利钦在伊拉克危机中威胁美国）和天文数字般的估价早就使股价大跳水了，但是，现在这一切只会让人打个哈欠，说上一句“势头向上”。二十年前，在期货技术分析的黄金时期，我尽全力尝试研究技术分析的所有问题，阅读“传统大师”，如爱略特（Elliott）、甘氏（Gann）、爱德华（Edwards）和麦克吉（McGee）、怀卡夫（Wykoff）、安德鲁（Andrews）以及其他名人的原著，而不是通俗读物。经过长期艰苦的研究和对所学方法的尝试，我发现1973—1980年间“技术分析师”的惊人表现纯粹是顺势而为的侥幸成功。而且，当越来越多的“突破”失败了，就是顺势而为也正逐渐失去其效力，因为这些“突破”只不过是那些“技术分析师”们毫无意识的买进和（或）卖出的结果，这些人现在控制着期货业。

尼尔：我记得你回避技术分析有些日子了。

格兰特：很长一段时间，我讨厌传统的技术分析，甚至懒得看任何图表。我把时间都花在研究循环、市场人气上，把传统的技术方法用于分析非价格数据。慢慢地但很明确地，我认识到技术分析的最好形式是把价格放回到它正确的位置上，配合时间和人气来预测长期趋势。但我们首先必须认识三个问题：

1. 由于通货膨胀带来的偏见，对熊市的分析没有得到应有的重视。通货膨胀过去后，还会有许多“诡秘”的熊市行情，就像1968—1982年期间的股票市场。由于熊市的发展与牛市完全不同，很多时期行情的变化搞得信奉传统技术分析的操作者一败涂地，这也就不足为奇了。我们必须彻底调整技术指标，才能在熊市进行有效的交易。

2. 在大多数参与者高度扩张信用的市场进行交易，完全不同于没有信用扩张的市场。

3. 必须对价格进行调整，使其能反映经济现状（就是说，价格必须根据汇率和通货膨胀进行调整）。

尼尔：看起来，你的观点几乎发生了360° 的转变。

格兰特：我稍稍修改了自己在《交易者优势》一书中的一些看法。过去我认为，人气是最重要的指标，而最好的人气指标则是媒体。现在，我对通涨率和汇率调整的价格走势图的信心比以前大多了，你可以用它们来对媒体没有涉及到的行情作出分析，在最新的《华尔街日报》出版前你就可以按此进行行情分析。

尼尔：那么，格兰特，现在你最偏爱的技巧是什么？

格兰特：我最偏爱的技巧是市场分析中的最终关键因子（时间），这是《交易者优势》一书出版后我的新发现。我称它为“周年纪念日”。举例来说，道琼斯指数在1997年3月10日到达最高点——正好是道琼斯指数在1937年到达顶点之后60年。但是，与甘氏（Gann）不同，他用一些预先设定的长周期来判断周年纪念日，而我尝试用对于特定商品、指数等被证明有效的每个周期来判断所有的周年纪念日。

尼尔：就是说，分析行情需要结合许多技巧？

格兰特：说到底，交易者自己的独立分析并把所有资料与自己的致胜模式结合到一起，这些是任何东西都不能够代替的。伍迪·海耶斯（Woody Hayes）曾说过，把足球传出去可能产生三种结果，其中两种是坏结果。交易系统也有三种可能结果，其中两种也是坏结果。你可能拥有一套不好的系统（或者系统经过“优化”只适用于一种市场，比如股票市场；或者一种环境，如牛市环境）。你也可能拥有一套好系统，但对它发出的信号却没有足够的信任。要获得一套能够信任和使用的系统，你必须知道它的参数含义以及它的优势和劣势。换句话说，你决不可能购买到绩效年年都好于一般顺势系统的绝好系统。因此，你最好自己设计系统，不要让自己总是遭受挫折。

尼尔：哦，那些推销交易系统的人可不喜欢听到你这些话，推销后向测试软件包的人也不会喜欢听的。

格兰特：我给大家最诚恳的建议是，尽可能地广泛阅读，实际操作之前先练习一下。我很奇怪，为什么很多人花许多钱和多年的时间进行学习，然后成为律师或医生，却认为自己可以毫不费力或毫无准备地就进入高收入的期货交易行业。我一次又次看到许多人在期货交易中严重亏损，但时间和金钱的损失并没有使他们变得更聪明一些。他们应该把10000美元的损失用于购买期货交易的有关书籍，把观看价格变化的时间投入到了解市场的自修“大学课程”中去。没有什么致胜法宝，除非你对它坚信不疑，但这需要时间。

尼尔：所以，买一套软件也无济于事。

格兰特：没错。

尼尔：你认为芝加哥式的公开叫价制度会被淘汰吗？

格兰特：不会，但美国期货交易所显然会采用10年前CBOE（芝加哥期权交易所）就已建立的一些交易制度。CBOE使用计算机来撮合一些低成交量产品的交易，对于像OEX（S&P100现货指数期权）这样的旗舰产品，则使用计算机撮合“散股交易”（少于10张合约的交易）以代替场内交易。新的S&P500电子迷你型合约肯定是未来期货交易的发展方向。但我认为，美国之外的期货交易所通过计算机交易无论降低多少成本，都不可能动摇美国交易所在谷物、肉类和美国证券等方面的主导地位。当然，海外交易所会继续追赶，迫使美国交易所降低成本和进行变革。这也是我们为什么有了更多的电子交易，为什么像CME与CBOT这样的两个相互憎恨的竞争对手都在谈论共同清算的原因。不过，由于沙文主义思想影响和场内交易员的生计需要，最终还会使公开叫价制度保留下来。纽约取得黄金期货交易的主导权就是这方面一个最好的例子。我们芝加哥已经有了最完美的市场，将市场转移到成本高昂的纽约不会带来成本节约，但是，纽约证券公司和黄金现货经纪人的自我中心思想迫使交易从芝加哥转到了纽约。要实现全球完全竞争，美国还存在太多的制度障碍；美国的交易所要完全取消公开叫价制度，也将承受来自于交易所成员施加的巨大压力。

尼尔：我们真的需要期货交易所吗，或者说，大银行会接管清算业务吗？

格兰特：告诉我，如果你是高盛（Goldman Sachs）这样的大券商，你会在哪里招揽到更多的生意，在你自己有投票影响力的交易场内呢，还是与一家拥有像所罗门兄弟这样的竞争对手的大银行合作呢？即使在日本，整个社会虽然为少数银行所控制，期货交易也在蓬勃发展。就当今世界来说，或许什么都是可能的，但在可预见的未来，我相信期货交易所的公开叫价制度还会继续存在。

尼尔：尼娜·库柏认为，2000年以后期货市场不如过去乐观，你同意这个看法吗？

格兰特：是的，我完全同意。像我这样的婴儿潮时期出生的人，只看到过自1974年以来的股票市场永恒牛市，但是，基于三个理由，我预期在未来十年美国股市与美国经济会出现大滑坡。第一个理由是人口结构。本世纪股票市场的底部（如1982年）始终对应着“储蓄者/支出者比率”底部。“支出者”是指年龄在24～34岁之间的人，他们必须借钱买房和抚养儿女；“储蓄者”是指年龄在40～49岁之间的人，他们的收入和储蓄率在这个年龄段到达顶峰，以后将由于退休、生病和子女的大学教育费用支出等原因而下降。过去，股票市场的顶部都对应着这一比率的五年变动期顶部，或者对应着这一比率的实际峰位。储蓄者/支出者比率五年变化期的顶部出现在去年春季，它的实际峰位将出现在2002年。尽管某些人把后面这个日期作为现在买入股票的理由，但我们应该注意，与目前情况最相似的历史行情峰位（1929年），是出现在储蓄者/支出者五年变动率的顶部，而不是出现在储蓄者/支出者比率本身的最高点（1935年）。这就引出预计股票市场和整个经济将出现大滑坡的第二个理由。股票市场的过度估值如此之高，股价至少要下跌70%才能回到由一些指标反映的历史常态上来，这些指标包括市盈率、股价与账面价值的比率、股价与最高收益的比率、股票市场相对于经济总量的规模、道琼斯指数总回报率100年的趋势线，等等。在这个不可思议的牛市行情中，“财富效应”使得投资者和海外资金不断涌入我们的消费部门，支撑着我们的经济蓬勃发展。但是，一旦股票开始被抛售，正如亚洲发生金融危机时一样，负财富效应就会出现，信用瓦解与恐慌性的资金外流将导致我们的经济像亚洲国家一样崩溃。到2000年，日本的储蓄者/支出者比率将到达底部，尽管我们的这一比率在随后十年里还不会见底。1999年之后，在日本投资比在美国更有人口结构方面的优势。

第三个理由是政治和社会经济方面的。像我们这一代婴儿潮时期出生的人，都被自由主义彻底洗过脑，指望政府解决所有的问题。像1990年代的日本和欧洲，对任何经济衰退人们都会要求联邦政府进行更多的干预，但不是通过降低税率和私有化。如果我们不在联邦财政盈余的历史最高点减少税收，不在历史上最大的股票牛市期间将社会安全民营化，难道我们要在经济困难的时候做这些事情吗？在下一轮经济衰退来临之前，所有这些额外的的政府活动（正如1930年代的新政所做的），将使美国的经济复苏落后于世界其他国家。日本和欧洲已尝试通过政府支出政策来摆脱经济困境。虽然它们现在还复苏缓慢，但却在绝望中稳步地通过自由市场政策来摆脱经济困境。我想共和党将在2000年主宰美国政局，刚好赶上严重的经济衰退期。他们要不就放弃保守的政策而采用自由主义解决方案，要不就会在2002年的选举中失败。我相信美国在21世纪的最初十年会像1990年代的日本，根本不知道如何使经济走出谷底。

注：格兰特·诺伯的联系方式：gnoble@safeplace.net；fax：（847）234-3520

资料站

交易能带来与不能带来的东西

能带来床铺不能带来睡眠
能带来书籍不能带来头脑
能带来食物不能带来胃口
能带来精致不能带来美丽
能带来房屋不能带来家庭
能带来医药不能带来健康
能带来奢华不能带来文化
能带来娱乐不能带来快乐
能带来同伴不能带来朋友
能带来讨好不能带来尊重
能带来热情不能带来同情
能带来光鲜不能带来品味

第6章 Chapter Six

马克·布朗（Mark Brown）为何精明的商品交易商都果断地采用系统交易

有些人听到马克·布朗这个名字掉头就跑。他耿直、坦诚，说话直截了当，完全不同于那些经常“忽悠”交易者的广告宣传。马克是一个基金经理和系统交易者，其总部在达拉斯。

尼尔：你都做哪些种交易？

马克：德国债券、意大利债券、30年期的海外长期债券、标准普尔500指数、日元、10年中期票据，以及道琼斯工业指数。

尼尔：你是个系统交易者，没错吧？

马克：是的，完全采用电子系统进行交易，不凭直觉交易，尽管我过去那样做过。我不是教科书中描述的那种交易员，但这个自知之明让我成为了一个更好的交易员。我不像有些很棒的交易员那样可以控制自己的情绪。我像一个快枪手，只要陷入麻烦，我可能赢得战斗。我或许会受伤，但我会赢。我可能受伤、胜利，最后因受伤而死去。但即使我免不了一死，我也会胜利。所以，既然我在陷入困境时才能赢得胜利，我为什么不干脆就呆在困境中不出来，或者好好琢磨一下自己是怎样脱困的，然后把相同的策略应用于所有情况呢。因此，我花了许多时间把自己的所作所为一点不漏地记录下来。当我觉得所有一切

都齐备了时，却又有了新发现。于是，我又重新开始记录一切。我通过与一些非常成功的交易员一起工作来学习和提高自己。他们也希望我能把他们多年靠直觉养成的交易风格编写成程序化的系统。我可以做到，但需要所有事实的书面材料。如果他们不能将这些东西写出来，包括一些最细微的东西，我怎么能研究透他们的心智呢？他们已做了多年的交易，很多行为都成了他们的第二本性，甚至自己都忘了做过些什么。如果某个人告诉你，直觉式交易风格不能编写成系统程序，那是因为他不知道自己的系统是什么。即使交易法则千变万化，我们也可以将其编写成计算机程序。当然，很少有人花那么多时间编写程序，程序员只是完成任务而已。我只为在现实中取得成功的交易员工作。如果不是这样，我可不想浪费时间。我们为什么要改进车轮？当我们把橡胶包在车轮外面时，车轮变得更好用了。同样，将直觉式交易风格的精髓提炼出来输入计算机，我们的交易就会变得更加理想。我必须用计算机来支持交易。我害怕自己被贴上"不怎么伟大"的交易员的标签，但实际上这种害怕却使我成为了更棒的交易员。我并没有钢铁般坚强的神经，但在测试中诚实严谨，在交易中实事求是。我生性如此，在建立交易系统方面是个完美主义者。我绝不会再凭直觉进行交易。我希望管理很多资金，而且计算机任何一天的交易都会超过我的水平都会比我高。

尼尔：你准备继续保持目前的系统不变吗？

马克：是的。我的软件是科学的专利产品，采用Linux操作系统。我现在采用HP UNIX还有Sun Sparc 4 Unix运行Ned Davis软件。这些系统绝对不会崩溃。

尼尔：你做交易员培训吗？

马克：我训练我接触到的每个人，但没几个人（完全没有人）愿意听。这是交易中的一个孤独的世界。

尼尔：如果不知道系统如何运行，你我怎样建立一套系统呢？

马克：问得好，这个问题问到了点子上！你当初怎么学会开车的呢？你也没有自己去造一台车呀。你还不会开车时，又是怎么坐在车里兜风的呢？你第一次坐飞机旅行，是坐自己造的飞机吗？你通过机窗欣赏外面的风景时，你也完全不知道它的制造过程吧？你没有自己制造卫生纸，怎么用它擦屁股呢？你没有自己制造计算机的每个硬件，怎么使用计算机呢？我还可以提出许多许多这样的问题来！

你明白我的意思了吗？是不是你不能建立一套系统，不拥有一套系统，所以你的系统就不能存在呢？错了。你根本不想要一套系统，你想要的是控制。我也不知道自己使用的东西为什么有效，我还是用了。经过多年观察，我相信我无论怎么小心谨慎都没有系统做得好。你想制造也好，想建立也好，你想得到你想要的，但对我而言，最重要的是结果。

我不在意系统运行的过程和方法，也不在意对它有多大程度的控制。而你就不一样。我敢说，如果你接受测试，你一定适合当执法人员。这没有什么错，但你必须认清自己的最终目标，并且去实现它。

说到系统和软件编程以及数学，我对它们的几乎一无所知。我不是谦虚。我要是自认为有这些能力，那就是愚蠢。

尼尔：谢谢，马克。

注：可按下列方式与马克·布朗联系：

电子邮件：markbrown@markbrown.com

网址：www.markbrown.com

资料站

后向测试的失败

寄给马克·布朗的一封信。

亲爱的马克：

首先感谢你的所有邮件。我非常感谢你所做和尝试做的一切。许多人都成了那些不诚实的系统推销员的牺牲品，我也是其中一个。去年9月，我花10000美元买了一套称为Wisdom of the Ages的交易系统。原来的生意失败后，我用试用版系统做S&P500指数当日冲销模拟交易，每天可获利3000到11000美元。虽然行情指标必须通过人工观察并以我自己肤浅的经验对其做出解释，但我还是幼稚地被这套系统所打动，爽快地付了10000美元。从芝加哥回来之后，我开始进行真正的实时交易，结果发现进/出场时间有50秒滞后，对应时滞估计有40美分移滑价差，这一切都被系统销售商及其经纪人巧妙地掩盖了，我亏损了26000美元，然后停止了交易。从此，我开始收集各种（免费下载的）交易系统和指标。

我的后向测试显示，没有任何系统适用于当日冲销交易。最理想的一套系统是我自己设计的简单枢纽点系统。用这套系统进行交易，12月份我亏损8000元，但到3月11日为止，我赚了20000美元，这是采用1张合约交易进行测试的结果，系统的滑移价差和佣金设定为175.00美元。正如我前面所说，我有成堆的系统和指标，大部分都是你慷慨提供的。你能否提供一些建议，究竟哪些值得进行测试？

谢谢。

第7章
Chapter Seven

麦克·瑟克斯（Mike Cirks）
芝加哥期权交易风格

麦克为期权交易者提供一个最好的网站，许多采用芝加哥交易风格的期权交易者经常浏览他的网页。

尼尔：麦克，请先为读者稍微介绍一下你的背景。

麦克：好的，我试试看。我毕业于芝加哥大学政治学专业。毕业后，进入第一选择权公司（First Options），被派驻到CBOT（芝加哥交易所）债券场内担任办事员。随后，我被调到公司产权交易部门工作，成为交易系统设计师。第一选择权公司后来被大陆银行收购，这使我有机会观察到银行方面的业务。产权交易部门解散后，我从事自由职业编程工作，这个工作后来演变为期权风险分析程序设计。不久，我加入凤凰交易公司（Phoenix Trading），除了编写软件和维护系统外，还在欧洲美元选择权交易场内从事全职交易工作。后来，由于欧洲美元的交易非常冷清，我离开凤凰公司，创办了自己的PM出版公司（PM Publishing），从1991年开始为全世界期权交易者开发软件。目前，我们的业务平均分布在四个方面，即CME（芝加哥商品交易所）、CBOT（芝加哥期货交易所）、纽约交易所和海外。我们的顾客主要是经纪商号、场内交易商、经纪人、银行交易大厅，以及大型对冲基金。我们的程序“专业期权套装软件”受到专业期权交易者的好评，因为该软件是从他们的角度设计编写的。

尼尔：期权是否对许多人的交易方式有很大影响?

麦克：我想从四个方面进行评论。

1. 由于期权定价理论是建立在热力学原理上的，在交易场内聚集了一些具有物理学背景的交易员。因此，做期权交易不取决于你认识谁，而是你了解什么。

2. 期权市场使得期货交易者在保持较大的头寸时更加安全。所以，期货业务在很大程度上得益于期权市场。随着成交量和流动性增长，场内的竞争越来越激烈。

3. 期权交易场内的竞争非常残酷，比如债券和欧洲美元市场，对交易员体力上的挑战绝不亚于期货交易场内。在期权交易场内，交易员也用相同的策略操控行情或威胁经纪人。在这里，交易员操控的不是期货价格，而是同价买卖的价格。他们可以抬高或压低价格波幅。

4. 如期货市场一样，芝加哥期权交易市场也居于世界领先地位。交易员日常使用的交易策略非常广泛，有各种不同的期权契约可供操作，用于交易的技术设备齐全。因此，市场一般运作效率很高。场内交易员并不乐意看到这种情形，因为他们收入的一部分来自于委托人的买卖价差，但大众散户在这种高效率的市场中可以得到更理想的撮合价格。

麦克·瑟克斯的联系地址：mike@pmpublishing.com

资料站

场内交易员的优势与劣势

优势	劣势
执行自己的交易。	没有固定收入。
享受很大的会员交易佣金优惠。	没有公司提供的津贴和福利。
个人前途与经济形势紧密结合。	没有联邦存款保险公司的救助。
财富只由自己控制，成功全凭自己主宰，自己就是老板，而不是别人。	交易不顺利时没有人同情。 是盈是亏，立即兑现。
每天交易结束，都知道自己的处境。	
生活很刺激。	任何错误都将付出高昂的代价。
自己决定午餐与休假的时间长短，上班不需打卡计时。	整天站着，喉咙嘶哑，体力透支。

第8章 Chapter Eight

幽灵再现（The Phantom）
系统交易者为什么会被淘汰出局?

常言道，拉斯维加斯是个不夜城。我相信这句话同样适合描述幽灵。与幽灵在拉斯维加斯的一席谈话让我理解，投机与赌博之间的差异是很微小的。

尼尔：我想许多人都希望了解你的背景。

幽灵：我在芝加哥当了20年会计，目前住在拉斯维加斯。我在大学获得财务与会计专业学士学位和工商管理硕士学位，大约在八年前开始从事交易。像大多数交易者一样，刚开始我做得并不好。幸运的是，我还有足够的辨别力让自己停止了交易并认识到，如果不采用专业的方法进行投机，自己不会有机会获得长期成功。我很快懂得，严格的资金管理方法是成功交易的根本保证。于是，我把自己在担任会计期间获得的商业知识应用于交易场中。最后的结果是我开发了一套资金管理系统，称为“男子汉”（Macho Man），它是唯一有实用价值的一套软件，让交易者像成功的企业家一样具备管理交易的能力。另外，我还修改了这套软件以使其适用于赛马和其他运动性的赌博，以及21点玩家。这些版本在拉斯维加斯的职业赌徒中被广泛使用。我发现，在六副牌的21点赌局中存在一些统计异常现象。所以，除了交易外，我也频繁参与21点和运动性的赌博。参与这些活动也需要一套成熟的资金管理软件。

尼尔：大家知道你不是一个热衷于假设性交易或后向测试的人。芝加哥风格的交易是实际交易，不是“纸上交易”。

幽灵：遗憾的是，我们不能假设性地决定去做一些事情，如将房屋抵押、为购车贷款，我们也不能假设送孩子上大学，所以我不知道系统经过后向测试的假设性优势是什么。实际上，这只能让人产生自信的错觉。

尼尔：那么，有没有交易者应该了解的某些优势呢?

幽灵：有一种优势称为统计优势。如果一场赌局的盈利结构有利于某位玩家，这种优势就出现了。比如，在轮盘赌局中，如果你压对了一个数字，赌场的赔率是35:1，但你真正的胜出率只有1/38。在这个例子中，某位玩家通过改变或操纵相对于特定下注事件的真正盈利结构而获得了统计优势。但在交易中，没有人能通过操纵获得统计优势，因为没有一个赢利的交易者能够确定自己在未来5年或10年内还会继续盈利。很多交易者先赚了几百万，后来又全赔了。同样，有些没赚钱的交易者也可能突然赚钱，这会使他们变得过分自信和自大，最后又回到没赚钱的状态。从根本上说，根据过去的绩效并不能预测未来能否盈利。另一方面，只要限定了赌注的上限以避免因少数意外使得庄家破产，赌场通过操纵而获得的统计优势就将为它们带来持续的盈利。为什么拉斯维加斯的赌场对每盘赌局都规定了赌注的上限，就是这个原因。虽然服从正态分布的利润值在短期有所波动，幅度为期望值的两三个标准差，但从长期看，赌场会赢得所有的钱。所以，赌场总是每周7天、每天24小时地营业，其目的就是获得长期统计优势，赌客下注的次数越多，赌场的优势就越大。如果你在一场赌局中占有优势，就应该有长远的眼光，尽可能多次下注，但任何一次下注的金额都只占总资本很小的比例。

尼尔：你对系统交易员有什么看法?

幽灵：如前所述，我认为一套经过后向测试过的机械交易系统能提供某种心理上的优势，交易者可以了解到系统过去的表现，比如最大跌幅、最大连续亏损、盈利交易的百分比，等等。有些人需要这类心理支撑，就像是跳入一个黑洞时，他们希望知道多久才能落地。采用机械化的系统就必须接受它的指令，不能猜测犹豫。但这很难做到。当你连续遭遇三四笔亏损交易，这时系统又发出交易信号，你就会开始犹豫出不出手。让我们回到刚才那个比喻。对我来说，采用机械化的交易系统就像按军事教科书打仗，如何部署部队、什么时候进攻，完全教条化。战场的情况是不断变化的，市场也是如此。你必须迅速果断地采取行动，还要随机应变。采用机械化的交易系统就像遵循死板的作战计划，这会限制你的灵活性和应变能力。就我个人来说，计算机提供的一堆数字绝不能使我成为一个更好的交易者，也不能帮助我做出交易决策。所以我采用大型的手工绘制的走势图，这样我就

能对行情产生感觉，对目前价格结构的反应有足够的灵活性。就像战斗机飞行员所谓的形势识别，自己绘制图形让我了解周围发生的一切，以此制定计划、快速采取进攻或防御措施。这个比喻同样适用于21点赌局：目前桌面上翻开的牌是什么，庄家有无弱点适合我进攻、是否应该放弃和撤退。事实上，交易系统使你成为机器人，我可不想落到这个地步。

尼尔：你这么说会得罪很多后向测试软件销售商的。

幽灵：我肯定本书的一些读者开发了交易系统，而且已从大量交易中获得盈利，现正在嘲笑我对交易系统的观点。但在这里我只是说机械化的交易系统不适合我本人的心理特征。如果这种系统符合你的心理需要，而且你又能通过它持续获利，那它就适合你。

尼尔：能否将交易系统与交易者个人的智慧结合在一起？

幽灵：我个人不知道如何将两者结合在一起。系统交易者就像孕妇一样，怀孕就是怀孕，没怀就是没怀，泾渭分明，没有灰色地带。一旦决策程序受到主观判断的干扰，系统就毫无用处了，因为后向测试的假设交易结果是以交易者无条件接受每个系统信号为前提的，不允许怀疑。但对于大多数人来说，我觉得让他们接受由机械的交易系统发出的每个交易信号是不太可能的。由于市场瞬息万变、变幻莫测，系统也就有时“工作”，有时“不工作”，然后再“开始工作”，不断循环。当系统不工作了，要继续通过系统进行交易是极其困难的，因为实际的净值下降程度最后一定会超过后向测试时的最大假设结果，于是人们开始怀疑是不是系统出现了永久性的缺陷。一旦产生这种怀疑，你就不再是系统交易者了，因为你会暂时或永久地停止使用这个交易系统，开始设计新系统，不过这只是重复循环，就像狗追逐自己的尾巴一样。

尼尔：但是，一个单纯的预测突破的系统怎么样？

幽灵：许多场外交易者都使用突破系统，包括一些大基金的经理人，这是突破系统的问题所在，因而产生了声名狼藉的“假突破”。几百个交易者发现了15或20根相同的突破线，同时进场，结果发现自己是唯一的买家或卖家，然后眼睁睁地看着价格走势反转，最后被停损出局。当一个人65%～70%的交易都亏损，这无论是在心理上还是财务上都会对他造成损害。想要根据突破点进行交易，就必须有很强的心理和财务承受能力。由于交易发生亏损的频率很高，这意味着你可能持续地亏损，如果连续亏损的时间足够长，就会迫使许多交易者认输。当然，咖啡或大豆最后发生的重大突破行情可以扭转先前的亏损局面，问题是如果突破行情来得太晚，你是否还能坚持到曙光出现的时候。不幸的是，许多人用计算机取代了普通常识，自己在精神上和生理上都懒惰了。为避免这种局面，所以我始终自己绘制走势图。我知道没几个交易者有时间、有兴趣或有精力做这种事，而我总是喜欢做别人不做的事。当一笔交易发生亏损时，我不会责怪任何“系统”；我只责怪自己，分析自己犯了什么错误，避免重蹈覆辙。遗憾的是，几乎所有的交易者，包括本书读者在内，都沉溺于交易系统中，缺乏起码的资金管理技巧。若想在投机中获得成功，必须受到三个方面的训练：

1. 交易方法
2. 心理素质
3. 资金管理

大多数交易者只注重交易方法，完全无视另外两个方面。这种现象自然引起精明商人的注意，于是出现了各种交易课程和交易系统，尽管这些东西有很多问题，售价却高达几千美元。然而不幸的是，购买这些产品的大多数人最后会发现，他们绝对买不到交易成功。

尼尔：你能举一些交易的真实例子吗？

幽灵：我从不用交易软件。每个人都以自己独特的个性来判断风险和回报。如果使用别人的交易软件，就是试图把别人设计到软件中的风险/回报观念强加到自己的个性中，就像把方形积木塞进圆洞中。因此，交易者总是会通过调整止损或盈利参数来修改他们购买的交易系统。由于每个交易者与软件设计者的个性都不同，所以才会修改系统的交易参数以适合每个人自己的心理特征。开发一套交易方法应该像量身定做西装一样。购买一套西装要适合自己的身高和体重，而不是适合别人的。阿诺德·施瓦辛格的西装未必适合你。我自己用Quickbasic语言编写了叫做“管理者”的资金管理软件。这个软件很简单，不会发出铃声和哨声，但提供我所需要的全部资金管理统计功能。

尼尔：你参加什么培训课程？阅读什么刊物？

幽灵：我不参加培训班，没订阅交易期刊，也没有特别偏爱的交易评论家。我想，任何人如果真有什么绝招，他/她是不会卖的。我所喜欢的交易类书籍也是大家所喜欢的，如勒费弗（Lefevre）写的杰西·利弗莫尔（Jesse Livermore）传记：《股票作手回忆录》。这是一本深入描写投机者心理层面的书。我所喜欢的非交易类书籍作者是海明威（Hemingway），这也许是因为他直接而精确的写作风格与我分析市场的风格完全相同。我也喜欢克若科（Kerouac）和托马斯·默顿（Thomas Merton）。

尼尔：你在媒体上露面不多，有很多培训班举办者和软件推销商为此而感到高兴。近

几年，推销交易系统的人赚了不少钱。这可能是因为我们大家变得太懒惰，总想把所有工作都交给计算机。

幽灵：任何人都可以设计交易系统，如果反向测试5～10年的数据，该系统总是会显示盈利。问题是没有谁可以保证系统在未来仍能继续给你带来盈利。一旦投入实际交易，系统就“不工作”，这方面的故事太多了。我想，这可能就是大多数交易系统销售商都不提供模型账户的原因吧，那样做会使他们自己太尴尬。

尼尔：这次访谈肯定会引来很多争议。你有什么特定的信息愿意提供给芝加哥风格的交易者？

幽灵：我想从以下两个方面来说。

1. 为了在投机交易中获得成功，你必须注重防御，而不是进攻。
2. 一个防守率排在倒数20%内的球队，永远不可能成为超级杯冠军队。

如果球队的防守力太差，让对手得分太多，它绝对不可能成为冠军。进攻队员得到的分数绝对不能弥补防守队员持续丢掉的分数。无论什么运动项目，大多数成功队伍的防守率总是排在所有队伍的前20%内，许多时候，它们是防守最好的队伍。同样，在投机交易中，你必须注重防守，而不是进攻。否则，你绝不可能成为真正成功的投机者。投机交易的主要目标不在于赚钱，主要目标是资本保值。资本保值观念是防止亏损的心理和财务上的管理技巧。资本保值就是防守。

尼尔：所以，重点就是资本、利润和风险，对吗？

幽灵：重点是交易不顺利时所损失的资本百分率和利润百分率。你愿意承担超过2%到3%的交易资本损失风险吗？如果愿意，为什么？如果你的净收入中目前有10000美元利润，你打算进行的下一笔交易可能损失9000美元，这会在心理上对你产生怎样的影响呢？尤其是当这10000美元利润是你花了两个月时间、做了20次交易才赚来的。你必须防守。任何单笔交易的损失都不要超过交易资本的2%或3%，除非是在高风险/高回报的情况下。亏损的交易相当于你丢掉的分数，盈利的交易则是你得到的分数。如果你的防守太差失分过多，你进攻获得的分数绝不可能补偿你失去的分数。好的进攻绝不能抵消坏的防守，这类队伍绝对会失败。一旦球队因持续丢分而处于落后状态，它的进攻就会放慢，肯定开始出现恐慌，最后放弃原先的作战计划。现在，他们必须奋起直追。进攻队被迫放弃周密的策略，采取可预见的毫无章法的打法。在职业足球联赛季节的每个星期六和星期天，你都可以看到这种场面。在投机交易领域，你也可以看到这种不幸的情形重复发生。亏损太严重，交易者开始恐慌，并放弃他的整体交易策略。他试图通过过度交易来弥补亏损，赶上进攻者。但是什么进攻都不能弥补失败的防守所造成的损失。交易变得毫无纪律性，变得情绪化，就像惊慌失措的四分卫一样，他的传球开始被对方拦截，而不是在底线得分。

尼尔：你用运动和赌博来作比喻很恰当。运动赌博与交易看起来很类似。对运动赌博的观察有助于你的交易吗？

幽灵：95%的运动赌博者都是长期输家，这是事实。但是，我很幸运地遇到了少数几个在这方面持续保持成功的人。我对这些成功人士感到好奇，不知他们为何能在一个几乎所有人都失败的领域里获得成功。结果我发现，这些人共有的一个特点就是他们都有一套严格细致的记录系统。经过几年的积累，他们开发出许多押注方法。每个新季节开始，每种押注方法都配以起始赌资，每当下注之后，每种方法的重要统计数据就被计算出来。每次赌局结束，起始赌资就被调整一次。赢了赌局，就追加起始赌资，输了就减少。每种押注方法经过大约20次赌博试验，发现有些方法表现差劲，有些表现平平，而有些方法绩效显著。整体情况大体呈正态分布，即钟铃状。以20种方法为例，可能有5种表现不好，也就是正态分布的左侧尾巴；可能有5种表现很好，也就是右侧尾巴；其余10种方法处在中间位置，属于小输小赢的状态范围。接下来，赌家用五种效果理想的方法积极下注（一般按凯利百分比，Kelly%），不再用五种坏方法下注（或者反向下注，即撤销）。虽然没认识到这样做的本质意义，但这些赌徒都是把每种方法作为一个利润中心，每种方法都有各自的赌资。每次赌博计算出来的统计数据揭示了哪个利润中心有获利能力，哪个没有。然后，只采用那些有优势的方法继续赌博。这样就极大地减少或消除了赌博中的焦虑、恐惧、贪婪和不确定性。这些赌徒完全知道下注的时间、地点、理由和金额。相比之下，一般赌徒就完全不知道下注的对象和应该下注的金额。这些长期输家主要依靠预感赌博，凭“感觉”下注。下面我从心理层面上对这两类赌徒做一个比较：

赢家	输家
冷静，控制局面	非常情绪化
自律	不自律
自信	焦虑
有组织	无章法
保持精确记录	完全没有记录
经营事业的态度	喜欢行动，追求刺激
专业，赢家	业余，习惯性的输家

尼尔：赌博与交易的确有许多相似之处。

幽灵：毫无疑问，几乎所有的交易者都属于上面两类之一，包括我自己。我决心把自己从右边一栏移到左边一栏，成为左边阵营中的成员。

注：如果想与幽灵联系，请通过尼尔·韦恩特劳（Neal Weintraub）转达。

资料站

交易法则

当年我刚进入芝加哥期货交易所的一家清算公司，这家公司就把这些法则交给了我。

1. 要进行交易实践，最初的100笔交易是最难做的。
2. 不要过度交易，刚开始最好只做单口合约。
3. 如果发现持仓数量超过了自己的处理能力，立即剔除超额部分。
4. 有效运用不舒服的感觉，这种感觉可能永远不会消失。
5. 认真对待每笔交易，不可懈怠。
6. 让利润增长的能力是一种需要培养的技巧。
7. 不要养成偏多或偏空的习惯。
8. 绝不要给亏损合约加码。
9. 了解其他交易员和经纪人的特殊习惯。
10. 观察那些自律的交易员，尝试模仿他们。
11. 连续性很重要，不要离开交易场。
12. 每个时候专注于一两个合理目标。
13. 建立有效的工作方式，不要专注于一时的得失。
14. 分散交易能产生经济效益和信息优势。

第9章
Chapter Nine

C.V.你为何不需要即时报价

C.V.是一位真实的交易者。但我们同意不透露他的姓名。他不希望出名，坦率地说，他也不需要出名，他以交易为生。我手上有他三年的交易记录，都是实时交易。我认识C.V.的时候，他还住在华盛顿特区。当时我看了他的会计报表后，怂恿他管理一个基金。目前，他住在纽约的高级住宅区，正和妻子一起装修一栋面对平静湖面的老宅（大约建于1830年）。在任何新闻中你都找不着C.V.。你想认识一个在家里进行交易并以交易为生的人吗？现在就是一个罕见的机会。

尼尔：你第一次对交易产生兴趣是什么时候？

C.V.：大约在我28岁的时候。记得当时我阅读了《华尔街日报》上一篇关于期货交易的文章；事实上，是关于各种金融行业的系列文章。当时，我是一名年轻的律师，有两个孩子和妻子需要照顾。所以，尽管我一直想进入金融行业，但我知道还不是时候。

尼尔：所以，你现在终于成了全职的期货交易者？

C.V.：是的。

尼尔：你的这项决定一定在华盛顿引起了一些有趣的反应，是吗？

C.V.：这不是一个普通的职业。大多数人认为期货交易风险很大。当我告诉朋友和同事，我准备从法律行业退出，专心于期货交易时，许多人都吓了一跳。

尼尔：有一件事我觉得很有趣，我们在进行采访这当会儿，你还持有50张德国马克头寸。价格每变化一档都代表600美元。

C.V.：我是根据长期趋势进行交易，不特别注意每档的价格变化。

尼尔：环顾你的办公室，我既没看到24小时播放新闻的电视机，也没看到传送行情的设备。

C.V.：我基本上是通过互联网获得行情信息。

尼尔：这些行情信息通常会滞后10分钟以上。

C.V.：没错，如果我需要即时报价信息，例如在重大报告之后，我会通过电话查询价格。

尼尔：你对自己的交易系统一定很有信心。

C.V.：是的，的确如此。

尼尔：你的系统属于哪一类型？

C.V.：我采用突破系统作为交易基础，但系统的关键是风险管理。

尼尔：软件的名字是什么？

C.V.：我使用一个叫做“交易秘诀”的软件。这套软件可以让我编写自己的系统程序，对全部商品和期货组合进行测试，不需要一个个地对交易品种进行测试。我还可以通过它测试交易规模、报酬和净值损失之间的关系，决定自己应该承担多少风险。

尼尔：“交易秘诀”可不是很有名的软件。

C.V.：那是因为他们没有大力促销，而且这个软件的开发者鲍勃·斯皮尔（Bob Spear）现在正管理着一个数百万美元的商品基金。

尼尔：你是允许我分析你们过去三年的财务报表的为数不多的人之一，我发现你一直是盈利。

C.V.：是的，我觉得自己很幸运。

尼尔：最近，你在一家投资集团发表过演讲。你知道，我把这次演讲叫做“逗我”。

C.V.：是的，我记得。

尼尔：我想这套简单的系统能使读者受益。

C.V.：最近，我就简单的中期突破系统写了一份报告，提供给本地的交易团体。报告的要点是交易计划执行过程中的风险管理，但根据后向测试的结果，交易系统本身也适合交易。报告的内容如下：

风险与回报

· 交易带来高风险与高回报。

· 重点关注风险管理，回报不需要太多关注。

· 所有技术分析都建立在对市场历史的研究基础上。研究的问题应该在现实市场中有高度的重复性。

· 为保证对历史的研究可重复，应挑选流动性高的主要市场。至少需要研究六、七个市场以保证多样性。我的交易组合包括10个市场：ED（欧元）、TY（美国中期国债）、US（美国长期国债）、DM（德国马克）、JY（日元）、CD（加拿大元）、CL（原油）、NG（天然气）、C（玉米）和CT（棉花）。

· 采用一套简单的系统，所有市场都采用相同的系统参数。如此可以避免这种情况，即一套系统的后向测试效果很好，而用它进行实际交易却效果很差。

风险管理

· 风险管理是通过恰当地控制新头寸的规模实现的，恰当与否的依据是系统的风险结构和交易者本身对风险/回报的偏好。

· 最重要的交易公式是凯利公式（Kelly formula）。这个公式可用来评估系统所包含的风险数量。

$$\text{凯利指数}=((WP\times W\div L)-(1-WP))\div W\div L$$

其中：WP = 成功率

W = 平均获利金额

L = 平均损失金额

例如，成功与失败率均为50%的抛硬币游戏中，假设平均获利金额W = 2，平均亏损金额L = 1，则：

$$\text{凯利指数}=((0.50\times 2)-(1-0.5))\div 2=0.25$$

此例的凯利指数计算结果表示，每次抛硬币时冒损失25%的资本的风险可使回报最大化。比较两套系统，如果交易笔数相同，凯利指数较高的系统在相同风险水平上一般有更大的回报。

48日系统测试

我以12天跟踪停止点为标准测试了一套48日突破系统，测试期间为1991年1月1日至1996年6月30日，数据来源于顶尖数据公司（Pinnacle Data Corporation）的连续交易合约。测试的对象是10个市场的投资组合，每笔交易的佣金和移动价差设定为60美元，使用的测试软件为“交易秘诀”。

48日系统测试代码包括进场和出场停止点。

Col1=Min[低价，12，1]；Col2=Max[高价，12，1]
Col3=Max[高价，48，1]；Col1=Min[低价，48，1]
进场点：买入停止 = Col3；卖出停止 = Col4
出场点：卖出停止 = Col1；买入停止 = Col2

48日测试与凯利指数

系统测试是在相同风险水平上来决定凯利指数。风险相同的意思是对每个新头寸配置固定的风险投资金额，这样，举例来说，玉米头寸就与长期国债头寸具有相同的起始风险金额。

风险可用不同的方法进行度量。我是采用保证金与新风险中的较大者，新风险是指进场价格与停止出场价格的差值。

表9–1

基本数据					
	W	L	WP	W/L	凯利指数
1991年1月—1996年6月	115	159	42%	2.68	20.3%
1996年7月—1997年6月	33	29	53.2	1.38	19.4%

风险/回报结构				
	1991年1月—1996年6月		1996年7月—1997年6月	
风险（资本净值%）	CAR*	净值最大下跌	CAR*	净值最大下跌
2.0%	23.1%	16.5%	22.3%	15.2%
2.5%	29.7%	20.8%	29.7%	19.8%
3.0%	36.0%	25.1%	36.4%	23.8%
4.0%	48.2%	32.6%	51.1%	31.1%
5.0%	60.2%	39.5%	64.7%	39.0%
7.5%	91.3%	45.9%	100.0%	45.5%
10.0%	99.5%	60.2%	103.7%	52.6%
12.5%	126.3%	65.6%	90.2%	57.9%
15.0%	121.8%	73.0%	84.4%	62.5%

*CAR＝Compound Annual Return（复利年回报率）

测试过程与结果

设计测试过程是希望建立系统的风险/回报结构。每笔交易的风险量（按前述方法计算）最初设定为资本净值的2%，凯利指数大约为10%。然后逐渐增加风险量，观察回报与净值下跌受到的影响，直到风险量提高至风险/回报曲线的转折点，如表9-1中数据所示。如果投资组合的现有风险（即头寸的收盘价格与停止价格之间的差额）超过资本净值的50%，就不做新的交易。

48日测试更新

最初的48日测试是根据顶点数据公司1991年1月1日至1996年6月30日C、CT、DM、CD、ED、TY、US、CL、JY和NG的连续交易合约资料进行的，多头与空头的进场点分别为48天的价格高点和低点，出场停止点为追踪12天的低价和高价点。每张合约的佣金和移动价差设定为60美元。

现在我们有了样本之外一年的完整数据，从1996年7月1日到1997年6月30日。采用这一年的数据进行48日测试，参数仍然按原来的不变。这段时间内的测试显示，交易的成功率上升了，但平均获利金额与平均亏损金额的比率下降了，导致凯利指数也略微减小。表9-1中还列出了1991年1月至1997年6月整个期间的风险/回报曲线值。

尼尔：能否对表9-1做更详尽的解释？

C.V.：该表显示了每笔交易风险、回报（即CAR，或复利年回报率）和最大净值下跌之间的关系，其中每笔交易风险是合约张数与停止价格的函数。在某个风险程度内，增加风险可以增加回报，同时最大净值下跌幅度也增加。

可是，当风险增加到系统的吸收能力之外，回报就开始随着风险增加而减少，而净值最大下跌幅度还是继续增大。

尼尔：这套系统的实际绩效如何？

C.V.：如果保守地进行交易，这套系统大约可以提供15%的回报。

尼尔：你使用的都是一些普通的交易概念，如针对重大报告进行交易等。

C.V.：根据我个人的经验，后向测试很难把重大报告的影响量化。因此，我不会针对重大报告进场交易，直到报告的影响消失。

尼尔：你如何判断上升趋势和下降趋势？

C.V.：判断趋势的一个不错的简单方法是，连续12天的收盘价高于（或低于）过去24

天的收盘价。这种趋势将持续保持，直到收盘价低于（或高于）过去24天的收盘价。

尼尔：你的即时报价系统定在什么位置？

C.V.：我已经说过，我不使用显示每档价位的交易系统。

尼尔：突然想到一个很诈的问题想问你。在先前的讨论中，你谈到过《市场奇才》（Market Wizards）这本书。有哪一章你觉得特别重要吗？

C.V.：这本书使我受益匪浅。我觉得关于艾德·塞卡塔（Ed Seykota）的那一章特别有趣。塞卡塔强调的主要就是顺势而为的理念。期货交易并没有什么特别神秘深奥的东西。

尼尔：你的电视机在哪里？我是说CNBC以及那些信息技术设备在哪里？

C.V.：想知道市场将会发生什么事，市场本身是比媒体更好的信息来源。

尼尔：把你的交易环境描述为“斯巴达式”的，是否合适？你是既没有报价监控器也没有电视机。

C.V.：我更喜欢专注这个词。我前面提到过，我利用互联网查询报价。我发现quote.com网站很有价值，它提供任何时间单位的条形图，从一分钟到一个月的都有。我几乎不看商品新闻。价格已经反映了新闻的影响。我有两台电脑，一台用来上网，一台用来进行后向测试，更新交易系统。

尼尔：你参加过什么培训班？

C.V.：我没参加过任何培训班，但我阅读过许多交易方面的书籍。很早的时候，我就决定开发自己的交易系统。最初我利用Quattro Pro软件对财务状况表进行简单的分析，现在我还用它。

尼尔：根据你的判断，为什么有这么多交易者每年都发生净亏损？

C.V.：我曾看到过一份对大约100名交易者的详细研究报告。有关信息是由这些交易者的经纪人提供的。报告指出，只有5%的交易者盈利。而其他交易者亏损的最主要原因是他们过早地结束获利的交易，对亏损的交易却迟迟不做了结。当然，这刚好与一条交易法则背道而驰：迅速斩断亏损仓，让你的获利仓继续发展。除此之外，大多数交易者的资金管理知识都很匮乏。

尼尔：所以，你不认同当日冲销的交易？

C.V.：我认为当日冲销交易非常困难。在一天时间内，价格走势的随机成分太多。当日冲销交易非常讲究速度，你坐在报价屏幕前面很难与场内交易员竞争。

尼尔：对幽灵的资金管理和系统交易（见第8章），你有什么看法？

C.V.：这是一套非常高级的资金管理方法。我想许多交易者不容易做到那种程度。我采用一套基本的突破系统，它有三种类型——快速型、普通型和慢速型，也就是说，系统设定的突破范围是依据40天到60天的最高和最低价。

尼尔：对你的交易风格影响最大的是什么？

C.V.：我提到过的《市场奇才》一书中塞卡塔这个人。另一个对我有重要影响的人是拉夫·文思，他写了三本关于投资组合管理和交易规模的书。文思关于控制交易规模的概念——他称之为最优量F，非常积极。F就是每笔交易投入占总资本的比例。根据前面关于48日测试的讨论，最优量F就是回报曲线的峰值，与最大的净值跌幅相对应。但是，你必须充分理解交易规模的概念，这是你在交易中可以完全控制的唯一因素。我从文思关于风险与投资组合回报之间关系的讨论中学到了很多东西。对每个交易者来说，风险/回报曲线的基础是交易者对净值跌幅的忍耐程度。我发现，从所占比例上看，自己对净值下跌的忍耐能力较弱，因为我投入交易的资金较多。

尼尔：还有其他人吗？

C.V.："交易秘诀"软件的编写者鲍勃·斯皮尔对我成为职业交易者也有很大影响。这套系统使我能够对整个投资组合进行测试，后向测试使我对系统的历史绩效有所认识，这一切都给了我极大信心。风险管理是电脑程序可以处理的工作，我在48日系统测试一节中对此已做过说明。投资组合测试还有一个重要的特性：它有某种内建功能，即防止曲线拟合（curve fitting）。我用同样的系统对自己投资组合中的所有期货品种进行交易。我知道自己的系统对长期国债、玉米或德国马克的交易来说并不是最好的系统，但由于该系统已经过10个期货品种的组合测试，我相信这套系统比较可靠。举例来说，长期国债在过去五年一直处于长期上升趋势。如果现在长期国债进入长期下降趋势，那么完全根据长期国债过去五年数据设计的系统可能就不理想。我的投资组合所包括的几个期货品种，比如原油和日元，在过去几年里都处于显著的下降趋势中。

尼尔：你用过一些比较流行的交易软件吗，比如Trade Station或者Metastock？

C.V.：没用过，我刚开始用Quattro Pro。我觉得先学习一些非常简单的财务状况基础知识比较好。几年以后，自然而然地我就需要处理投资组合的软件了。

尼尔：你认为后向测试与实际交易之间存在什么类型的相关性？

C.V.：我发现，在实际交易中，回报总是低一些，净值下跌总是严重一些。如果后向测试显示最大净值下跌幅度为20%，我预期实际上会遇到更大的净值下跌。总体上，净值下跌的测试结果与实际值有四到五个标准差，甚至在实际交易中会很快出现六个标准差。所以，如果后向测试预示的净值下跌幅度为20%，在实际交易中很可能是25%～30%。回报率的情况也是如此，只是方向相反。

尼尔：1997年曾出现连续八个月的净值下跌行情，你当时的反应如何？

C.V.：没有谁喜欢延伸性的净值下跌行情，但任何长期趋势系统都无法避免这个问题。我的后向测试结果预示有9～10个月的净值下跌行情，所以我早就有了心理准备。

尼尔：你是否遇到过不利的停板行情？

C.V.：遇到过，那可不是令人愉快的经验。1997年夏天，我持有玉米期货的空头头寸。一个星期一上午，市场开盘涨停，直接跳过我设定的停止买单价格。我怀疑这个向上的跳空开盘，很可能是为了震出空头头寸。我每隔10分钟通过实时电话报价服务系统查询价格。当时我持有的头寸对应九月份合约。大约20分钟后，12月份合约打开涨停。当时，我知道可以买进12月份合约，把手里的头寸转变为同价买卖。但等待九月份合约打开涨停似乎更合理，最后结果也的确如此。价格下滑了几档，然后稳住。当价格又开始回升时，我平仓出场。整个过程感觉上好像经历了整整一个交易日，但我后来查阅交易记录，实际上在开盘一个半小时内我就完全平了头寸。

尼尔：对那些想成为职业交易者的人，你有什么建议吗？

C.V.：就像任何职业一样，最好大学一毕业就马上开始工作，到芝加哥去，从最基层开始学习交易。由于财务上的责任，到中年才开始期货交易会使生活变得比较复杂。你必须有充裕的非交易资金来承担所有财务上的责任。另外，你还要花很多时间学习交易、辨识趋势。对于场外交易者，顺势而为是最有效的交易方法。不要尝试做S&P指数的当日冲销交易。不要购买交易系统，最好自己开发系统。不要尝试猜测顶部和底部。最后，还要学习风险管理的基本知识。请记住，交易规模完全由你自己的控制。尽量减小风险。一个好的原则是，将每笔交易的风险控制在交易资本的2%～3%之内。

尼尔：许多人告诉我，他们从事期货交易是因为没有足够多的钱做股票交易。我相信你对这些人一定有些建议。

C.V.：如果某个人只有5000美元可用作交易资本，我认为这个人不应该从事商品交易。按照每笔交易的风险应控制在交易资本2%～3%之内的原则，5000美元资本意味着每笔交易只能承担100～150美元风险。但大多数人会冒比这更大的风险，他们的交易资本也就会很快耗尽。如果这个人对商品交易满怀激情，他或她就应该到芝加哥去，在交易行业找一份入门工作。

尼尔：你总是遵循系统指令吗？

C.V.：当我持有头寸时，绝对接受系统的出场信号。事实上，如果系统告诉我明天开盘时出场，许多时候我会在晚盘交易时就出场。对于进场信号，我允许自己有一些自主权。我说过，我不会在重大报告即将公布前下单进场。有时候，我进场交易之前要等到确认信号。举例来说，如果某套系统给出长期国债的买入信号，但我却没有得到其他买入长期国债或长期票据的信号，我会等到第二套系统也给出买入信号后才进场。我也绝不会用一套没有经过测试的系统做交易。

尼尔：我注意到你今年夏天没有建立玉米期货的空头头寸，这是否违反了系统的指令？

C.V.：根据我的突破系统指令，在这个夏天避免持有玉米空头头寸在统计上是更好的选择。即使将1998年的数据加到数据库中，结果仍然如此。原因是我的12日跟踪买进停止点遭到“逼空”涨势的打压，就如同前面讨论的涨停板走势。我的系统显示98年有正数的回报，但不能弥补去年的损失。如果想在夏天做玉米空头，就需要有不同的停止策略。

尼尔：尽管你是个系统交易者，但我发现你最近一笔交易在12日跟踪停止点被触发之前就平仓出场了，你能详细说明一下吗？

C.V.：我发现12日高/低价跟踪停止点策略对预测中期趋势非常有效，中期趋势一般以盘整走势为结束标志。几年前我认识到，在某些特殊情况下，比如爆发性顶部行情，12日停止点策略会把太多的资金留在桌面上，或者使我的账户净值波动太剧烈。因此，我针对特殊情况开发了一种分析方法，如果价格上涨（或下跌）伴随着不断加剧的价格波动，就表示极端顶部（或底部）正在形成。后向测试结果显示，在交易系统内加入基于这种分析方法的出场策略就足以辨别出这类情况。这一分析的目的不是为了精确地找到顶部或底部，而是为了在发生剧烈价格波动之前离场，因为这种剧烈波动经常伴随着行情端点。

尼尔：如果把交易分为几个步骤，如下单进场、资金管理、平仓出场以及选择正确的市场等，你认为它们对交易绩效的重要性应该如何排序？

C.V.：选择正确的市场是关键。只有在流动性高的市场交易才能成功。这类市场具有

一致性，风险也较小。像橙汁这类流动性不好的市场，可能会连续出现三四个停板走势。S&P指数是唯一我没有参与交易的高流动性市场。原因有两个：第一，我认为股票市场本身是长期投资工具，投资期限以年为单位，而投机活动则是以月为单位。第二，S&P指数的性质与任何其他流动性的期货市场不同。我发现，玉米与长期国债的交易特征比长期国债与S&P指数的有更高的相关性。另外，当我刚开始交易的时候，S&P指数的保证金大约为12000美元。由于我认为保证金是一笔交易最起码的风险，这意味着我不应该做S&P指数交易，按照每笔交易3%的风险控制标准，我的账户上至少要有400000美元。虽然S&P指数电子迷你型合约降低了每张合约的风险，但即使如此，大约3300美元的保证金要求，也使得做一张电子迷你型合约，资金账户上也得有100000美元。一旦市场选定，还有三个参数需要考虑：进场、出场与风险管理。一般的交易文献偏重进场技巧。随便挑选一期《股票与商品》杂志（Stock and Commodities），至少可以发现一篇介绍进场方法的文章。进场方法都是用于判断趋势发展初期的进场时机。我个人认为，进场方法对成功交易的贡献率大约为20%。无论你的进场方法是根据行情突破、移动平均线还是更新奇的什么方法，这都不重要。重要的是顺势而为。当火车开动的时候，要确保自己在车上。

尼尔：出场的重要性如何？

C.V.：出场策略对成功交易的贡献大约占30%。下单进场后的头两周是交易最关键的时期。如果行情朝着有利的方向发展，当然没什么可担心的。但是，如果行情朝着不利的方向发展，你就无法回避这样一个问题：在什么地方出场？许多交易者都不愿意接受亏损，但亏损是交易的一部分。重要的是如何使亏损最小化。请参考前面讨论的凯利公式，平均获利金额与平均损失金额的比率与成功率同样重要。我发现，约翰·史威尼（John Sweeney）的最大不利偏移（maximum adverse excursion）概念非常有用。史威尼在《股票与商品》杂志上以及几本著作中对这个概念做过详细解释。他说的基本意思是，测试一笔交易出现了多大的不利走势，你才真正认赔。进场和出场方法两方面对成功交易有50%的贡献。另外50%的贡献则来自于最重要的单一因素——风险管理。交易行业有一句俗话说：你不控制风险，风险就控制你。许多交易者非常注重进场环节，对出场环节也有一定限度的关注，但对风险管理却没有足够的关注。对初学交易者来说，无论怎么强调风险管理的重要性都不过分。长期资本管理公司（Long Term Capital Management）高达40亿美元的避险基金最近遭受了净值下跌90%以上的损失，这表明即使最老练的交易者也可能使用不恰当的风险管理技术。

尼尔：你为什么如此重视风险管理？

C.V.：控制风险的能力对持续发展至关重要。如同前面讨论过的，1997年对我来说是艰难的一年，我的账户净值处于不断下降的状态。通过控制风险，我的资本得以保存下来，用于获利的交易。我无法预测什么时候有利的趋势将会出现，但从后向测试中我知道了自己需要保存资本，等待有利的行情出现。

尼尔：你从哪里获得新的交易见解？

C.V.：刚开始从事交易的时候，我读了很多书，对市场逐渐有了了解。经过一段时间的交易，我经常产生一些新的想法。或许有十分之一的想法对我的交易系统有显著的改善作用，但只有其中很少一部分融入到系统中。市场不是静态的，它们随时间在不断演变，我的交易系统同样也要不断改变，以跟上市场演变的步伐。

尼尔：当你看到单纯的交易机会时，你为什么不考虑当日冲销交易？

C.V.：我认为，对场外交易者来说，做当日冲销交易太困难了。我测试过一些想法，发现当日冲销交易的获利能力很难与中期或长期趋势的系统相比。当日冲销交易的问题是，一个交易日的时间限制了最大获利的幅度，而风险——止损幅度——相对于可实现利润却相当大。这意味着前面所讨论的凯利比率太小。我来举例说明：长期国债的价格每天平均波动幅度大约为28个档位。假定通过测试发现，如果开盘后长期国债的价格上升了12档以上，然后在三个小时内又回落到开盘价，那么收盘价很可能低于开盘价。如果把止损点设定在开盘价位，可以预期平均最大获利潜能为16个价格档位（波动幅度28档减去开盘价以上的12档）。但实际上，潜在利润只有10～12个档位，除非你能准确地捕捉到当日的底部价格。要获得这些利润，就必须承担当日债券市场的随机波动风险。我估计这种风险有6～8个价格档位。如果每笔交易进出都要支付1个档位的买卖价差，再加上半个档位的经纪商佣金，那么潜在利润就减少21/2个档位，大约为71/2档到91/2档，而风险则增加到81/2到101/2档。这样，平均获利金额与平均损失金额的比值很可能小于1。再看看凯利指数，必须有很高的成功率才能克服平均获利/平均损失比率的不利状况。如果把48日测试中的凯利指数值0.2作为基准，那么在获利/损失比率为1时，成功率就必须达到60%；如果获利/损失比率为0.8，成功率要达到65%才能使凯利指数到达0.2。如果你能开发出成功率如此高的系统，你在中期或长期趋势交易中将获得更大的回报。

尼尔：如果市场处于横向盘整区间内，该怎么办？这时没有可供交易的趋势。遇到没有趋势的行情，有没有相应的对策？

C.V.：选择交易市场时，我会观察历史周线图。大多数市场每年至少有一个、经常有两个可供交易的趋势。从我开始交易以来，市场一直显露出这个特征。当然也有这样的可能，即一个或多个市场出现延伸性的横向盘整走势，不过我还没有碰到这类情形。

尼尔：说到当日冲销交易，你或许想听听马克·布朗就S&P指数当日冲销交易回答一位交易新手的话。

C.V.：当然。

尼尔：在电子邮件中马克说："如果年复一年地长期从事任何商品的当日冲销交易，实际上还不如买彩票中奖的机会多。如果当日冲销交易的对象是S&P指数，你的机会就会从偶尔中奖变为连续10年每个星期都中奖。我建议你只拿出有限的资金来冒险，把剩余的钱交给某个信托公司，它绝不允许你在交易资本耗尽的时候来提取资金。"这是马克的评论，不是我的。我忍不住提起这件事，因为马克的话也反映了你的看法。C.V.，谢谢你接受采访。

作者评论：以上对C.V.的访谈，是本书比较重要的一章。要了解芝加哥交易风格，其重点是了解交易场内的运作方式、耐心、资金管理和计划，这完全对应了C.V.的观点，只是时间单位不一样。

本书中少数受访人没有提供电子邮件地址或网址，本章受访人就是其中之一。C.V.非常坦率地告诉我，他只希望继续从事交易，别无他求。不过，读者可以将邮件寄给我，我会转交给他。

下面所附走势图（图9–1到9–6）是C.V.交易的一些范例。请留意合约价格走势在没有突然剧烈上涨情况下出现明显的趋势。

C.V.在上面两个市场都获得丰厚利润。

虽然芝加哥交易者通常不愿意介入纽约市场，但原油和天然气是强趋势的引导者。目标是等待趋势出现。

一旦货币市场突破盘整区，通常都会朝一个方向走一段时间。

使用突破系统，耐心是操作的关键。

此图说明了C.V.为什么不交易英镑——只有一两个好机会。

10-YEAR T-NOTE – CBT
MARCH 1999
AS OF: 12/18/98
EACH GRID = 1_00
VALUE = $1000
32NDS
9 DAY MOVING AVERAGE
18 DAY MOVING AVERAGE
EFF 03/22/99
MAY-98 JUN JUL AUG SEP OCT NOV DEC
VOL & O.I
1,000,000
500,000
30-YEAR T-NOTE – CBT
MARCH 1999
AS OF: 12/18/98
EACH GRID = 1_00
VALUE = $1250
32NDS
9 DAY MOVING AVERAGE
18 DAY MOVING AVERAGE
EFF 03/22/99
MAY-98 JUN JUL AUG SEP OCT NOV DEC
VOL & O.I
2,000,000
1,000,000

图9-1

CORN – CBOT
MARCH 1999
AS OF: 12/18/98
EACH GRID = 10.00
VALUE = $500
$/BUSHEL
9 DAY MOVING AVERAGE
18 DAY MOVING AVERAGE
EFF 03/22/99
MAY-98 JUN JUL AUG SEP OCT NOV DEC
VOL & O.I.
400,000
200,000
COTTON – NYCE
MARCH 1999
AS OF: 12/18/98
EACH GRID = 1.25
VALUE = $625
$/LB
EFF 03/09/99
9 DAY MOVING AVERAGE
18 DAY MOVING AVERAGE
MAY-98 JUN JUL AUG SEP OCT NOV DEC
VOL & O.I.
1,000,000
50,000

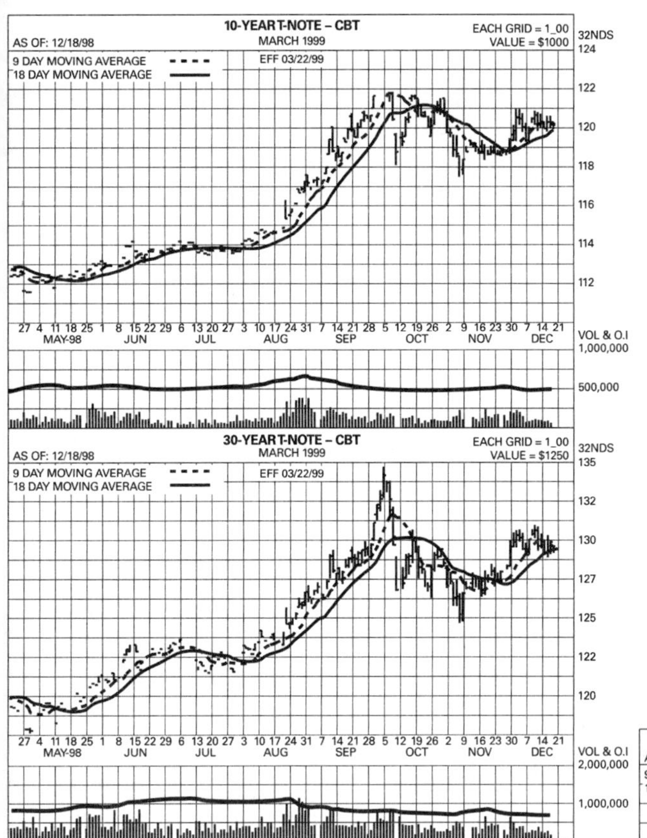

图9-2

CRUDE – NYMEX
JANUARY 1999
EFF 12/21/99
AS OF: 12/18/98
EACH GRID = 1_00
VALUE = $1000
$/BBL
9 DAY MOVING AVERAGE
18 DAY MOVING AVERAGE
VOL & O.I.
NATURAL GAS – NYMET
JANUARY 1999
EFF 12/31/99
EACH GRID = .100
VALUE = $1000
MMBTU

图9-3

JAPANESE YEN
CASH
AS OF: 12/18/98
U.S. $
9 DAY MOVING AVERAGE
18 DAY MOVING AVERAGE
VOL & O.I.
DEUTSCHE MARK
CASH

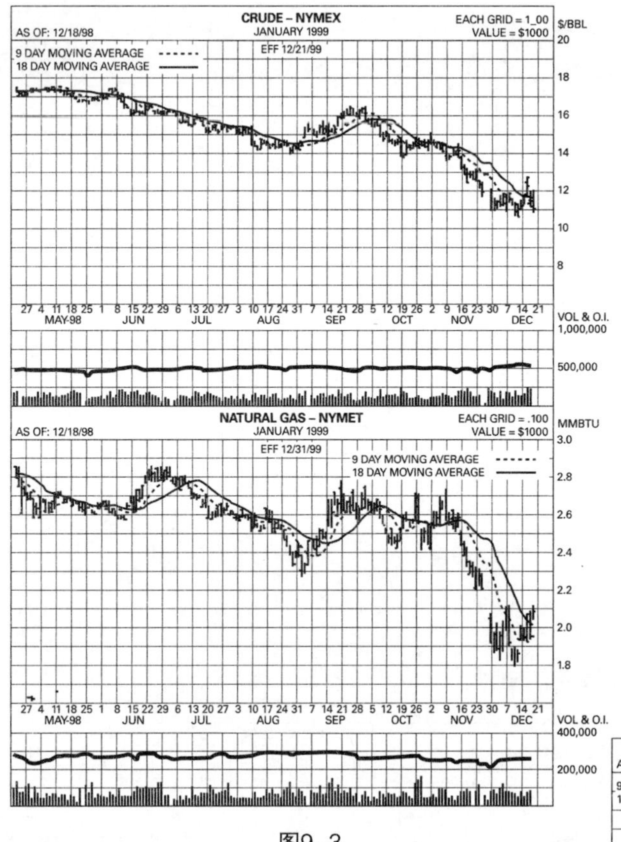

图9-4

EURODOLLAR – IMM
MARCH 1999
AS OF: 12/18/98
EACH GRID = .2500
VALUE = $625
PTS OF 100%
EFF 03/15/99
9 DAY MOVING AVERAGE
18 DAY MOVING AVERAGE
97.0
96.5
96.0
95.5
95.0
94.5
94.0
27 4 11 18 25 1 8 15 22 29 6 13 20 27 3 10 17 24 31 7 14 21 28 5 12 19 26 2 9 16 23 30 7 14 21
MAY-98 JUN JUL AUG SEP OCT NOV DEC
VOL & O.I.
4,000,000
2,000,000
CANADIAN DOLLAR
CASH
AS OF: 12/18/98
U.S. $
9 DAY MOVING AVERAGE
18 DAY MOVING AVERAGE
1.600
1.575
1.550
1.525
1.500
1.475
1.450
27 4 11 18 25 1 8 15 22 29 6 13 20 27 3 10 17 24 31 7 14 21 28 5 12 19 26 2 9 16 23 30 7 14 21
MAY-98 JUN JUL AUG SEP OCT NOV DEC
VOL & O.I.
1,000,000
50,000

图9–5

BRITISH POUND
CASH
AS OF: 12/18/98
U.S. $
9 DAY MOVING AVERAGE
18 DAY MOVING AVERAGE
1.74
1.72
1.70
1.68
1.66
1.64
1.62
27 4 11 18 25 1 8 15 22 29 6 13 20 27 3 10 17 24 31 7 14 21 28 5 12 19 26 2 9 16 23 30 7 14 21
MAY-98 JUN JUL AUG SEP OCT NOV DEC
VOL & O.I.
1,000,000
500,000

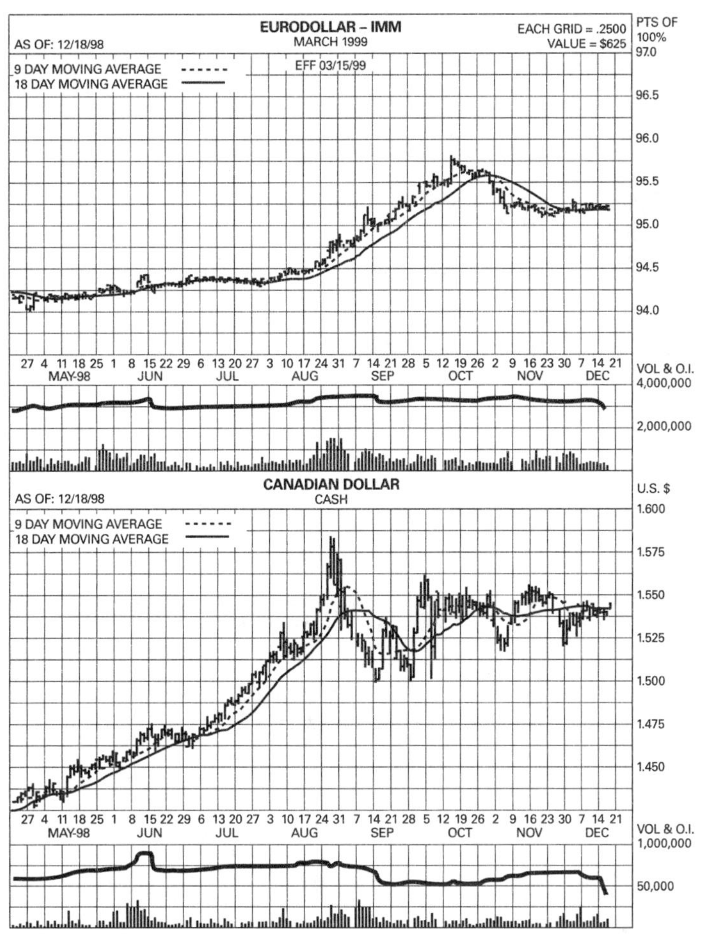

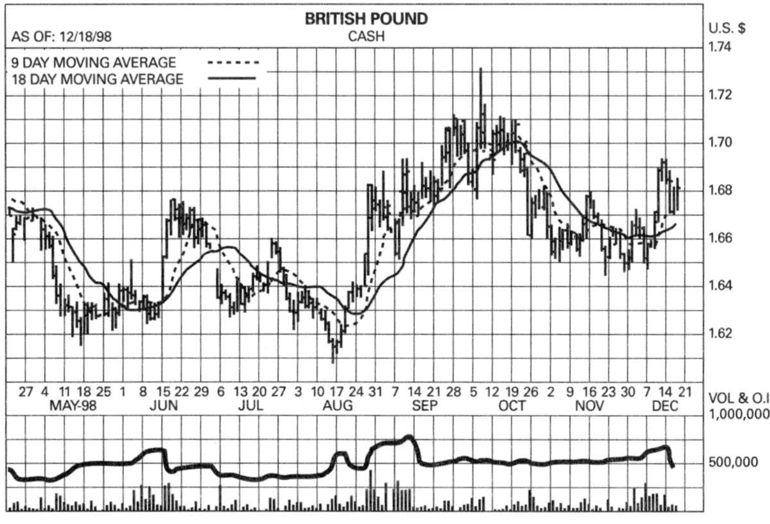

图9–6

第10章 Chapter Ten

麦克·乔莱克（Michael Chalek）
无泪的软件

麦克·乔莱克是一位计算机建模专家、期货与股票交易系统开发员。许多刊物都介绍过他的交易系统，像《华尔街日报》、《福布斯》、《股票和商品技术分析》（Technical Analysis of Stock and Commodities）、《期货》（Futures）等。

乔莱克先生毕业于伊利诺斯大学，获得电气工程学士学位，1979年7月获得电气工程硕士学位。乔莱克先生还从事微处理器理论和设计的研究工作，并获得电气工程博士学位。

尼尔：你是如何进入这个行业的？

麦克：1973年从伊利诺斯大学毕业不久我开始从事股票交易。当时，我还不知道什么是熊市或我们是否处于熊市行情中。我的幼稚给自己带来了在几只股票上的惨败教训。我完全不知道做空，只知道买进。按照一个不怎么样的股票经纪人的建议，我不断买进了Teleprompter、Combustion Engineering、Pizza Hut、Williams Company和一些其他股票。六个月内我的全部5000美元积蓄都赔光了。从那时开始我阅读了许多书籍。第一本书是尼古拉·达瓦斯（Nicholas Darvas）的《我如何在股票市场赚了2000000美元》。这的确是一本最好的入门书。它涉及交易分析的两个主要方面（技术分析和基本分析）。由于自己的工程学科学习背景，我很快认定技术分析是交易成功的主要手段。我转而阅读其他技术分析专著，如《股票和商品交易技术分析》（Technical Analysis of Stocks and Commodities），乔·格兰维尔（Joe Granville）的《股票市场每日时机策略》（The Strategy of Daily Stock Market Timing）。1977年冬季，下班以后我经常去Chicago Stacks（芝加哥交易所的图书馆），利用1929年《华尔街日报》上所列道琼斯指标股数据，完全以手工方式艰苦地验证了格兰维尔的余额量理论。

1983年，有个人（郭艾伦，Allen Ko）给我打来电话，说他看到有关我的一篇文章，表示对我的研究很感兴趣。随后两年里，我们成了好朋友，共同开发了一套系统，其中包括可调整的波动变量和独特的价格形态。1984年到1987年之间，他把25000美元增值到超过2000000美元。在相同时期，我大概只赚了500000美元。我的交易自律性不如他。严格遵守系统指令非常困难，尤其在连续亏损期间。

尼尔：双重冲刺（Dual Thrust）究竟是什么意思？

麦克：双重冲刺是动态价格波动和一种独特价格形态的函数，当两者同时运用，它们显示出对市场内在的支持和压力水平。我们把对这类支撑/压力的突破作为信号，或者作为停止点，或者作为反转行情判断方法。对于30分钟或以上的S&P走势图，这套系统看起来运转良好。

尼尔：场内交易员能否使用这套系统？

麦克：如果电脑可以提供一分钟或两分钟走势图，场内交易员也可以使用这套系统。不过，这套系统或许只适合快速的小投机交易，由于它采用的是数学方法，不适合用于基本分析。

尼尔：场内交易员挑选软件时应注意些什么？

麦克：选择交易软件是一项非常复杂的任务，不能过于相信诸如《期货真理》（Futures Truth）这种第三方的观点，它们只代表一部分观点。软件使用者在对软件模型进行后向测试时要向经销商问清楚数据来源。软件开发者可能使用实际的合约数据，也可能使用连续合约数据。我发现这两种数据的测试结果有很大的不同。我的软件具备滚动功能，可以采用实际合约数据，可以让使用者延展合约到期时间。“交易站”（Trade Station）这个软件就不具备这方面的功能。请注意！净值下跌对不同的人有不同的意义。我发现一些软件开发者实际上是用头寸平仓后的数据来定义净值下跌，不是采用的每天开盘的净值下跌数据，而后者更符合实际情况。一套好的软件应该提供ASCII码数据选择功能，因为大多数数据供应商都允许你把特殊的数据格式转换成ASCII码数据。ASCII码数据是一种被普遍接受的数据格式，它随时可以输入到任何文本编辑软件中。

尼尔：软件开发者该怎么做?

麦克：软件开发者应该完全公开他们所采用的方法。避免采用“黑箱”。我发现大多数软件经销商都把软件代码放入黑箱之中，无论软件采用的模型是基于某本书上的交易策略还是依据过去发生的特定交易数据进行的曲线拟合。软件成为“白箱”，最终用户会有更舒服的体验。否则，用户不会简单地相信软件。另外，如果程序员编制软件时有错误，用户也无法对软件运行结果进行核对。了解系统引用了多少参数对用户很重要。其实，只要用足够多的变量，任何人都可以用某种方法对市场状况进行模拟。不过，这些市场状况在将来会发生变化，事实上经常变化。通过几年研究我发现，如果某个系统的参数变量超过五个，这套系统发行之后不久就不能使用了。对这种情况，你只需要研究一下《期货真理》杂志上的软件排行榜就能知道。“双重冲刺”用了四个变量，我认为这已经是极限了。作为对这一问题讨论的延伸，你可以请系统开发者在众多的变量选择中提供一个三维的利润曲线模型。这是通过视觉来评估系统可靠性的好方法，据此可观察模型是否由松散的利润参数组成，四周布满了亏损陷阱。在1998年2/3月份的《期货真理》中，“双重冲刺”接受了实际测试，用了包括60个国内与国外市场的数据。最重要的是，所有市场都只采用了一个相同的参数，测试结果显示，几乎在每个市场该系统运行都非常可靠。

软件购买者最起码应该请开发者提供系统模型实际运用的记录。这样可以去除掉软件90%的噪声因素。遗憾的是，自从“交易站”软件推出后，软件开发者的数量大增，几年来呈指数增长。“交易站”软件中有几个缺陷，至今还没有解决。比如说，该软件存在操控星期一早盘的缺陷，它被一些不道德的软件开发者所利用。我想，这个问题在该软件的5.0版本中将得到改善。因此，开发软件模型的平台是一个重要的考虑因素。

软件适用的市场数量是评价软件模型的另一项内容。有很多软件只能用于一个市场的交易。而比较可靠的系统可以用于多个市场的交易，虽然有些人认为这是某种形式的过度优化。

尼尔：读者怎么跟你联系?

麦克：我的电话是（800）315－3893；电子邮件地址是wetradeall@aol.com；网址是www.tradefutures.com。

资料站
走势图和指标

什么是芝加哥交易风格？开放的态度是要点之一。下面是一位芝加哥交易员在网络上刊登的文章，它引起了大家的共鸣。

我过去在芝加哥大学读书，开始在数理系，后来成为经济学研究生。我听说过所有这类讨论。在数学系的统计学课堂，在经济系，我不断被灌输一个概念，即市场是随机的，指标和“绘图技术”（条形图和趋势线等）都不是市场指标，因此毫无用处。

我有些话要对所有持这种看法的老师说，在此也告诉大家。虽然你可以宣称这些技术方法没用，但并不意味它们真的没用。根据我个人的经验，它们还的确有用。这可以通过最古老的方式证明：我的银行账户。现在我已是一个有多年经验的专业交易员，我使用一些可能你认为没用的交易工具。

在我刚开始步入交易行业的时候，一位朋友曾带我到芝加哥的威尔斯街（Wells Street）去见过一个人，这个人有一间很小的办公室、一台小型报价机（老式的Marketview），但有一台很大的绘图板，当时他正忙于绘图。这个人成了自己设计的交易方法的奴隶（时至今日，我还没见过其他任何人用过这些方法）。他是一个挺好的人，很安静。当行情稍微平静一点，他问我采用什么方法来“描绘”交易。我简要地进行了介绍，然后他就开始告诉我他的方法。

他那时正在更新IMM瑞士法郎的走势图，坚持用手工绘制瑞士法郎的小时走势图已达数年（请记住，IMM的外汇交易当时并没有很长时间）。他告诉我，他预期当天瑞士法郎会出现大的买进行情，然后指着走势图，向我展示价格到哪里才能证明他的买入价是正确的。我亲眼看到瑞士法郎跑到他指定价位的两档范围内，然后跌势反转，价格向上飙升。我问他，当价格达到他预计的“完美”买入水平时，有没有买入瑞士法郎。他回答，他只会在那个价格水平买入，在其他价位买入都会“破坏”交易。当我离开那间办公室时，瑞士法郎已超过他设定的买入点上涨了100档，但这个人仍在继续更新他的手绘走势图。

在返回我们交易室的途中，我告诉我的朋友，我认为这个人恐怕不会在市场生存很久，因为他不能按自己预期的交易“扣动扳机”。我的朋友大笑着告诉我这位老者在市场上已存活很久了，然后改变了话题。

十年后，我又偶遇这位老交易者。当时我正管理一个海外基金，他通过一个客户介绍与我见面。当我走进会客室，他没有丝毫惊讶的表情，好像我们不认识一样。谈话结束后，他决定对我的基金进行大批投资。他邀请我吃晚餐，我们整晚都在谈论最近的市场走势。我问他当天下午为什么决定投资我的基金，他告诉我，他知道我的外汇交易很成功，虽然他自己也观察外汇市场多年，但这方面的交易让他觉得不舒服；外汇走势与他的步调不合拍。我提起十年前与他见面的事，他笑着告诉我，那天他要等待的买入价位当天下午始终没有出现，随后一年也没有出现，因为瑞士法郎几乎从该价位上涨了一千点。

后来我向一位经营本地银行的朋友询问这位老先生的有关情况，结果让我相当意外。他是本地一家大公司的大股东（持有价值超过3亿美元的股票），而他的房地产投资更多。我问他以什么职业为生，朋友告诉我，他以“商品交易”为生。这些年来，这位老先生给了我很多信件、文章和手稿（都写于19世纪末到第二次世界大战结束期间），大多数材料都是他与其他成功交易者的书信往来（我想，大概类似现在的交易类新闻组吧）。他不喜欢现在“新”的交易方法（如数学模型和/或电脑数据）或现在交易的新的“假”商品（如国债和股价指数）。

每当我读到这类观点，如指标没用或条形图在统计上无效等，我只能摇摇头。对于进行这些测试和提出这些观点的人来说，技术方法可能没用。但是，如果一个交易者可以运用这些方法赚钱，那么其他人的统计论证说什么又怎么样呢？请记住，曾经在很长一段时间里，人们认为地球是扁平的，银河系是围绕地球运转。我们现在是否“太老道”、太有学问，再也不会把那些错误视为“真理”呢？中国运用了2000多年的针灸可能也是巫术，它也可能如几个美国物理学家最近公布的一些研究报告所显示的那样，是通过控制某些我们还不理解的东西产生的效果。

在这封长信即将结束的时候，我要告诉大家我自己在交易中并不使用指标，我没发现任何我所“信赖”的指标。但这并不意味着当某人告诉我指标的使用方法时，我会不屑一顾，也不代表我怀疑别人可以通过指标赚钱。我不断提高自己的交易技巧，这里改善一点，那里一点。某个人的随机活动可能是另一个人的指标。它们只是工具而已，如果你把一只扳手交给山顶洞人，我想他的使用方法与你现在的会不一样。

祝好，

提姆·摩吉

第11章 Chapter Eleven

托尼·萨利巴（TONY SALIBA）
来芝加哥，来这里做交易

托尼是一位场内交易员，也是国际交易协会（International Trading Institute）的总裁。他是芝加哥的传奇人物，有超过十三年的场内交易经验。

尼尔：芝加哥发生了很大的变化，芝加哥交易风格肯定也不再是过去那种单纯的场内交易概念。托尼，对此你有什么看法?

托尼：站在期权交易的角度看，我的观点与芝加哥的许多交易员不同。这主要是因为芝加哥的场内交易员从事期权交易的人数不到1/4，其他3/4的人我都将他们归类为期货（所有各种交易工具）和股票交易员。要是两年前你问我这个问题，我会说CBOE（芝加哥期权交易所）就正显示出“变化的面貌”。从1988年底或1989年初开始的计划，再次显示他们的交易运行计划是可行的，能够代替直接的、面对面的场内公开叫价制度，这里什么东西都必须填表单。所以，甚至在两年前，CBOE的主要交易都在发生重大变化。

从芝加哥的媒体新闻和期货交易所最新的报道中，我们看到变化的速度在加快，这主要是由于在美国境内有其他以屏幕为基础的市场。1996年12月还不能这么说；也就是说，Eurex计划的推出还不到两年。

这是一个可行性范例，美国实务界人士可以拿这套屏幕交易方法与芝加哥交易风格相比较，过去可只有公开叫价制度。对于经纪人或FCM（期货委托商）来说，公开叫价制度

意味着打电话到场内、在人群中进行撮合、领取表单、回报到柜台、填表单呈送给清算公司，然后再通过电话回报。所以，除了全球期货交易网络（Globex），我们还有其他比较对象。Globex运营六年了，但由于技术原因，效果并不理想。它是一套封闭的系统。现在，芝加哥的交易员和经纪人已经看到了一个活生生的例子，他们可以说："嘿，我喜欢这种交易方式，它非常有效率，也减少了文件流程。"撮合时间和可能的错误也减少了。

尼尔：许多场内交易员都很害怕。席位价格正在下跌。许多人想重返学校学习新的交易方法。他们能适应新的技术吗？

托尼：这是一个很大的话题，够一整章来讨论，但绝对是一个重要问题。但是，这个事实并不会改变我先前对芝加哥交易风格的看法。尼尔，你所提出的观点引出一个问题，就是这些相同的人是否将来还能成为驱动高流动性市场的人，也就是今天的芝加哥交易市场。因为交易所（主要是芝加哥的两个期货交易所）没有重视这个问题，使得该问题一直没得到解决，甚至完全被忽略了。可以这么说，交易所没有准备好流动性引擎。它们的引擎就是资本和那些每天站在芝加哥交易场内的男男女女的交易员的敏锐感觉。领导层脱离了这个引擎，因为他们认为在交易所未来的经营中这个引擎能管好自己。

尼尔：这是相当具有争议的说法。

托尼：你拥有一批专业人员，很棒的专业人员，他们每天在这兢兢业业地赚钱、造市，为他们的交易伙伴和机构创造市场流动性。他们无法在交易中考虑世界趋势、产业趋势，以及业内风格的变化对他们的影响。他们中一些人，虽不是全部，但是大多数人没有能力预测这个变化，只能依赖他们的领导，依赖交易所董事会及其主席，由领导来决定战舰驶向何方。他们在战舰上做自己的工作，而把握战舰航向并不是场内工作人员的任务。把握方向是领导者的任务（某些领导也在场内工作）。

再来说说关于场内工作人员是否已做好准备的问题，以及芝加哥市场的流动引擎问题，他们其实是措手不及，毫无准备。目前，他们是被否认的一群。很多人对领导当局不满意，"你怎么能让我们陷入这种局面，被抛在一边，而XYZ系统几乎可以立即抢走我们的生意：把交易指令从我们的引擎转到另一个引擎。这个引擎难道不是我们——这些引擎的组成部分，这些交易员、造市商和场内经纪人——能够公平参与也应该公平参与的吗？"你们的问题充分说明了我们现在存在的问题。交易员在提出疑问："我要回到学校另外学习一门谋生技能吗？我要做好准备变卖汽车和房产来养活家人吗？"实际情况是，这些大部分都已具备了使用新技术进行交易的人要离开这一行了，原因是领导没同时重视他们与新技术。

尼尔：哪些人将成为未来的造市者？我们还需要交易所吗？

托尼：在几周以来我主办的SBT讨论会上，我们讨论了市场模型的成分。全世界目前采用多种不同的模型。电子通信网络（Electronic Communication Network，ECN）模型迅速崛起，并在股票店头交易（OTC）中蓬勃发展。例如，Island或Instinet所代表的是不十分可靠的流动性，因为你在Bloombergs、CQGs和网络枢纽等站点与人交谈，人们得到信号就买进与卖出。这种机制在有关键成交量时的确不错，比如在国债、S&P500指数或欧洲美元的交易中。但这不适用于比较冷门的产品，因为这些产品的造市者和场内交易员与交易所之间有互利协定，商品期货交易委员会（CFTC）和证管会（SEC）也是如此。即使这些产品的流动性欠佳，他们还是会营造市场，因为这就是他们在场内的工作。只要有人要求营造市场，他们就必须买进或卖出。他们担负着全部责任。

在屏幕上你可能有流动性。某些人认为我们不需要造市者，因为他们的造市行为完全是机会主义的。对于高波动的或不明朗的行情，他们就不想参与，他们对风险的忍受程度是不同的，对市场的缓冲功能也有不同的理解。如果很多人在买进与卖出，屏幕交易的流动性没有问题。但是，只要连续两次受到损失，他们就开始退缩了，市场的买卖差价开始拉开距离。而在交易场内，只要你站在那里，就必须提供造市服务，因此，只有在非常罕见的时期，买卖差价才会拉开。

交易所目前必须重视的问题之一是提供可靠性，让一群交易员和造市者负起责任来，这样在流动性欠佳的时候，屏幕才不会一团漆黑。

如果你要清晨4点钟把造市者从床上叫起来，问他们想不想造市，你就只会看到毫无规律的报价，会问屏幕上何时才会有真正的市场。

尼尔：早几年对商品与股票市场的研究是开盘价、最高/最低价和收盘价。如果市场24小时营业，这些价格就没有意义了，因为市场交易在连续进行。

托尼：市场每周至少休市一两天（周末）。所有的市场都需要一定的清算时间，这样才能“核对保证金”或进行清算。它们对保证金的催缴和额度进行测试。交易者也有主要交易时间，然后在后续交易时间里对交易计划进行修改。十年前我们就对此进行过讨论。当Globex首次运营时，我就在CBOE的董事会。当时CBOE尝试与不同时区的交易所建立联系和合作，研究24小时连续交易的可行性，但遇到一个大问题。交易所可以解决内部问题，没有实际障碍，但晚盘阶段没有办法把员工弄到交易所来，因为这个时间没有公共交通。另外，还有安全和家庭问题。

现在，由于硬技术的发展，人们可以在家里或办公室的屏幕上进行交易，只要设立白天与晚上两班制，公共交通就不是什么问题。如果交易所以屏幕为基础，就只需要较少的员工到场。24小时交易制度对技术分析意味着什么？你将看到很多星号，它们代表传统收

盘时间的收盘价。过去几年来，在纽约交易所正规交易时间结束后，股票交易继续进行。虽然要决定前一天晚上的收盘价很困难，但我想，技术分析可以东部标准时间4:00到4:10的价格为收盘价，然后往前倒推。

尼尔：用芝加哥风格交易时，是否还需要去交易所呢？

托尼：我不认为营业大厅会关闭。我不相信场内交易风格在短时间内会消失。真正的问题是领导层打算如何运作。以我个人的看法，CBOT现在就必须决定如何与他们自己的电子技术计划A（Electronic Technology Project A）相协调，因为后续时段的电子交易发展非常迅速。这是一个有利可图的生意。三四个月前，把骆驼的鼻子摁到帐篷里，要它们在正规时段里肩并肩地交易，在政治上是不可行的。一个月前，我在接受《克兰芝加哥商业》杂志的史迪芬·史塔勒的采访时曾谈到这个话题，我说如果CBOT把计划A放在正规交易时段内实施，新老交易方式就可以共存。如果大量交易都跑到屏幕上，那么交易场就不那么重要了。CBOT和商业交易所（Merc）之所以遇到问题，是因为它们不像CBOE那样重视新技术。CBOE已经有了进出交易场的电子交易指令线路。因此，交易大厅不会很快关闭，至少还有一大段时间不会。

尼尔：在期货交易场内，如果在同一时间同一场所出现四个价位，如S&P100指数，委托单看似进来了，但基于某些理由，那些中间价位的人总是拿不到单子。我有一位纽约的朋友，他发现自己很难进入场内。他很生气，现在只在晚盘进行交易，这时没人在乎他是谁了。他没有机会，也没有必要再讨好经纪人。我想那些一直这样做交易的人是很焦虑的。从场外看到这些显示在屏幕上的魔幻数字，听到CNBC报道说："真是天翻地覆的一天！"时，他们担心自己是否真的会被埋葬。

托尼：实际说来，屏幕上所显示的是人们看到某些技术信号后敲打键盘的结果。他们想使买单大量涌入。但这些买单必须有对应的卖单将其转化为交易，否则不会发生任何事情。如果根本没有对应的单子（即反向的），这些买单可能被扔到一边，或被放到登记簿上，这取决于交易指令的类型。

在商品交易的例子中可以看到很不同的情况。Archer Daniels Midland 参与流动性欠佳的市场交易（例如谷物），准备买进1000张合约。他们不会盲目地下单，通常会找最好的经纪人配合，而经纪人会一点一点地分批进行交易，尽可能不使价格受到太大的干扰。在屏幕上交易也是如此。他们会设定买进1000张合约的合适价位，然后50张或100张地慢慢买进。可是，当一般大众的买单涌进来追逐同样的价位时，价格开始上升，当到达不合理的价位时，交易终端的警铃会响起，卖单开始涌向市场。

这听起来像是一个波动剧烈急转直下的市场，但实际上很多人不会等到警铃响起，他们的卖单早就进场了。所以，价格往上走时会有一连串的卖单在那等着，而往下又会有买单支撑价格，这取决于产品——我现在谈的是期货。期权交易情况则完全不同。大多数时候，期权市场都井井有条，但偶尔也有跳空缺口，大家也不确定行情走向或如何评估价值。

尼尔：你的培训班授课的对象都是交易机构。一般小额的交易者到哪儿去学习这些?

托尼：如果是个新手，运用“友善网络”赚钱，就需要学习在屏幕上交易的不同策略。如果是像我们这样的老手，已有很丰富的经验，就需要学习这个行业另一个层面的东西。以期货交易为例，对城里这两家商品交易所的董事们来说，最重要的问题是他们是否准备把俘虏的听众拱手让给第三方。

这些俘虏的听众包括期货委托商（FCMs）及其他们的客户，以及交易所场内的人。大致上说，所有的交易所都是会谈场所，它们也对交易提供担保，担保交易双方的所有基本财务信用。但是，如果某一方决定到别的地方玩，那么另一方也会丧失相应的权利。例如，卖方（期货委托商及他们的客户）采用第三方交易系统，由于流动性已足够好，决定到那里扎根。因此，交易所就有责任采取积极的行动，避免这种情况发生。

让我们看看期货交易员的作用：他们承担很大的风险，他们是赌徒、投机客和风险承担者……即带来流动性的人。他们提供市场交易的另一方，所以期货市场能得以蓬勃发展。在任何一天中，他们承担的风险远远超过一般的期权交易员。期权交易员会观察价格关系，只承担有限的风险。我最近几个月一直强调，交易所不可能把S&P指数交易场内的每个人都变为期权交易员。但是，你可以指导S&P指数交易场内的人，指出屏幕上的价格关系，这些价格关系就是他们的“依靠”，这样拯救流动性提供者的工作就完成了一大半。

你曾提到过价格上的技术面与基本面之间的关系问题。那些已经了解这些东西的人，可以学习一些相对定价的动态技巧，然后到屏幕上去进行交易。他们把对风险的容忍搬到了桌面上。这是交易所基本资产的一部分。

尼尔：所以，想参加你的培训班，只有到芝加哥来了?

托尼：不一定；我们的电脑可以跨越时空。我们每年都至少在海外开办几次课程。过去开办的课程更多，但欧洲从事网上交易的一些大型银行，大多把新人送到芝加哥来。这真是意外收获，还是“防弹”的。

我们每个课堂里都至少有几位企业家。他们希望通过屏幕上的模拟交易获得一些实务经验。我们把课程内容与模拟交易结合在一起，让学员带着一些实务经验回去。我们很多毕业生，不论他是个体交易者还是大机构的交易员，都能够将他们自己的兴趣与我们的授课内容融合在一起。因此，他们可以不断地观察硬币的两面，并认识到没有绝对可靠的策略。我想，有这些准备总是好的。

尼尔：你的网址是什么?

托尼：www.itichicago.com.

尼尔·温特罗（NEAL WEINTRAUB）汽车价值随储油量起伏

交易者最关心的17个问题。

问题1：你所学到的最重要的交易法则有哪些?
尼尔：最重要的交易法则都是写在一张35卡片上给我的，我现在还有几份。

1. 不断练习交易。最初100笔交易最困难。
2. 不要过度交易。刚开始最好做单张合约。
3. 如果发现头寸数量超过自己能够处理的程度，立即剔除过度的部分。
4. 适时地运用不安的感觉；这种感觉可能永远不会消失。
5. 认真对待每笔交易，千万不可松懈。让利润自动增长的能力是一种需要逐渐培养的技巧。
6. 不要养成偏多或偏空的习惯。
7. 亏损头寸绝对不可加码。
8. 了解其他交易员和经纪人的特殊习惯。
9. 观察那些严格自律的交易员，努力去模仿他们。
10. 连续性很重要，不要离开交易场。

11. 一次只专注于一两个合理目标。

12. 对一笔交易不要贪大，要注意建立操作规范。分散交易产生经济效益和信息优势。

以上仍然是很好的建议，但我还要加上四条。

13. 了解期权，知道怎样和何时运用它们。

14. 绝不要停止学习。确保你的电脑技术跟你的孩子一样好。

15. 交易系统只是一个模型，并不是现实世界。

16. 如果某人会建立一套完美的交易系统，这个人也绝对不会出售。

问题2：我听说过一种叫交易者祈祷文的东西。真有这种东西吗？

尼尔：我在场内听说过各种祈祷文。我觉得最有意思的祈祷文是期货源泉（Futures Source）公司出的一张海报，这个公司是芝加哥一家很有竞争优势的软件公司。

愿市场朝南行进的时候，我永远不会朝北。
愿止损线总是站在我一边。
愿留在柜台上的钱都是别人的。
愿我的口袋深度超过修正幅度。
愿我总是领先市场五分钟。
愿我的跑单员可以畅通无阻地冲进场内。
如果这笔交易可以获利，我发誓不再交易。

问题3：在交易中，“行为反常”是什么意思？

尼尔：嗯，这可以代表很多意思。根据已故的当代大师法兰克·扎帕（Frank Zappa）的说法：

行为反常是一个过程，某个人希望靠它摆脱传统约束，抛弃过时的思维方式、衣着打扮和社会礼仪，从而创造性地表达他们与直接环境及一个整体的社会结构之间的关系。

更严肃地说，行为反常意味着你对交易失去了控制。

问题4：芝加哥商品交易所有几种不同类型的会员，席位价格各是多少？

尼尔：表12-1清楚地说明了各种不同类型的会员。但请注意：它们会发生变化。

表12-1　芝加哥商品交易所会员类型

类型	目前价格	租金	最低交易资本*
CME正式会员	425000美元	3000美元/月	50000美元
IMM部门会员	418000美元	2800美元/月	50000美元
IOM部门会员	211000美元	2200美元/月	50000美元
CEM部门会员	39000美元	300美元/月	25000美元
许可计划	通常低于3000美元	不详	—

*租用席位的最低交易资本不同于拥有席位。

问题5：你说对于相同的风险/回报问题，交易者会有不同的答案。能解释一下吗？

尼尔：没问题。如果我们发给一群交易者每个人30美元，他们可以拿着钱走人，也可以参加一次抛硬币游戏，如果硬币是正面，他们可以赢得9美元，是反面，他们就输9美元。大约70%的人参加了赌博，因为他们知道自己至少可以拿走21美元。另一群交易者面对的情况稍稍不同。他们参加抛硬币游戏，如果硬币是正面，他们拿走39美元，若是反面，他们拿走21美元，或者他们不参加游戏直接拿走30美元。在这种情况，只有43%的人选择了赌博。稍加思考就可以发现，这两群交易者面临的情况完全相同，但这些交易者为什么会有不同的选择呢？正如行为学家指出的，决定人类行为的不只是信息，还有信息处理过程。这属于心理层面的问题。

心态可以解释1987年的股市大崩盘为什么没有像某些专家所预测的那样，对整体经济造成负面影响。交易者认为这只是修正，没必要恐慌。

问题6：能请你解释一下价差交易（spreading）的概念吗？

尼尔：为了解释价差交易技巧——以及它对期货市场的流动性和可行性的重要作用——首先有必要理解市场流动性的根源。任何市场尤其是期货市场得以成功，取决于它的流动性，就是说，取决于流进场内的买单与卖单数量。在市场中人们通常认为，相互竞争的买单与卖单越多，买、卖报价的差价就越小。买、卖报价的差价越小，市场的流动性和效率就越高。一个缺乏流动性的市场，买、卖报价之间的差价拉得很大。在这样的市场，买、卖报价之间存在较大的缺口。

不论是电子下单还是场内下单，市场交投越活跃，市场的流动性就越高。互联网或其他电子传输系统未必能够提高市场的流动性。事实上，电子迷你合约的流动性来自规模更大的S&P标准合约的交易。

期货交易只有几种基本技巧。场内和场外交易者都交替地使用这些技巧。这些技巧包括炒短线（scalping）、头寸交易（position trading）和价差交易（spreading）。

期货市场价差交易者所采用的技巧与短线客和头寸交易者的非常不同。价差交易者注意的对象是某个特定商品在两个或多个合约月份之间的差价，而不是任何合约的价格。换句话说，价差交易者以特定数量在某合约月份上做多，同时对同样的商品以同样数量在另一个合约月份上做空。所以，价差交易头寸的潜在利润取决于该商品价格的涨落，取决于合约不同月份之间价差幅度的缩放。

目前，许多价差交易者的头寸同时涉及三四个不同月份的契约，其目的是攫取价差在变动过程中的利润增量，甚至是最小的增量。价差交易者非常注意某合约月份的新买价或卖价，希望通过锁定价差头寸获利。他对市场突然出现的任何“涨势”或“跌势”都迅速反应，从而能够在市场变化的一瞬间先结束价差交易的单边头寸，一旦价格变化停顿下来，再恢复价差头寸。绝大部分价差交易者都运用这个交易技巧来累积开放的价差头寸。根据对市场经济和动态结构的分析，价差交易者通常都会建立一套理论，以此断定某商品期货的价差经过一段时间会缩小或扩大。

问题7：何谓短线炒家（scalper）？

尼尔：短线炒家有很多类型。有的是根据经典的走势图，在合约允许的最小价格增幅之间买进卖出。

总之，短线炒家总是试图做到随当前的市场走势运作，在市场开始走低时第一个抛出，在市场开始上涨时第一个买进。

大部分情况下，断线炒家会在一小段市场走势结束时，或者一当发现自己的买进与卖出有发生亏损的危险时马上清掉一部分或全部头寸。这样，短线炒家会在一天之内多次以小笔头寸进出市场。短线炒家们很少在交易过程中离开场内。一般来说，大多数短线炒家即使持有头寸，也只会持很少的头寸过夜。

短线炒家绝大部分都是拥有会员资格的场内交易员，因为这种类型的交易在场外操作难度太大，而且成本太高。所以，通过支付零售佣金在场外进行当日冲销交易困难很多。

问题8：在全天24小时制的交易中，大家都用哪些指标？

尼尔：以时间为基础的指标没有用了。以最高、最低以及收盘价为基础的指标也没有意义。我认为，对24小时运用电脑的交易者，点数图（point and figure charts）和市场纵向剖面图（market profiles）更有用。

问题9：你怎么看对冲基金？

尼尔：第一个对冲基金是由爱德华·索普（Edward Thorp）创立的。他向大众介绍了21点赌局的算牌技巧，他在1962年出版的《击败庄家》一书现在仍是经典之作。他说，除非你拥有某种交易优势，否则对冲基金纯粹是赌博。简言之，你必须专注于模型，知道当出现重大行情时模型的反应。大多数对冲基金的问题是它们根本不能对冲。

问题10：有什么网站你认为是交易者应该知道却经常被忽略了的吗？

尼尔：对于注重基本面分析的交易者来说，信息是基础。The Economeister网站（www.economeister.com）是一个很好的市场信息源。

在该网站首页有几个新闻栏目，涉及宏观经济、货币政策、外汇、债券、衍生金融产品和其他金融新闻内容，还有一些文章摘录。点击摘录后面的“更多”还可阅读文章全文。目前登载在首页的文章主题是美元/日元的汇率、生产者价格指数和美国国债市场。选择首页顶部的“今日重要报道”（Today's Top Stories）图标，就可以看到该网站认为重要的当日新闻，这些重要新闻按发布时间和类别排序。面对目前变化迅速的市场，交易者应该选择一个既包含大量新闻信息又筛选出与市场相关的文章的网站，这一点非常重要。Economeister网站有一个档案数据库，为用户提供从1997年11月25日以来的老文章，还提供一个非常有用的“全球日历”（Global Calendar）。

问题11：你有多少在线服务系统？

尼尔：我有两套，Prodigy和一家本地服务商的系统。另外，芝加哥商品交易所的网站是www.cme.com。

问题12：你为什么要两套系统？你不认为这是多此一举吗？

尼尔：事实上不是。你不知道哪套系统什么时候会突然死机，总需要一套备用系统。大家知道，不能一味相信服务系统会永远运行良好，尤其是急需报价的时候。

问题13：你喜欢哪些软件包？

尼尔：首先，我喜欢用户友好型软件。我对需要上课或学习计算机语言后才能使用的软件包没有兴趣。购买软件然后向开发商支付学习费用，这完全是浪费时间。

问题14：人们购买软件时最经常出现的重大错误是什么？

尼尔：我认为，学生购买软件后花费在学习上的时间太多。例如，交易者必须学会某家软件公司特有的软件语言后才能进行后向测试，另外还要上课学习软件的使用方法。总之，这是以牺牲花费在提高交易技巧上的时间为代价来提高编程技巧。芝加哥风格的交易者更为务实，他们对学习编程语言或后向测试秘技没有兴趣。为什么不去购买与自己交易方法相融合的软件？

我不是说某种产品一定优于另一种产品，大多数产品都基本相同。我只是不能接受软件开发者这样的宣传：特定的编程语言可以帮助你进入“交易者名人录”。

问题15：你对当日冲销交易的看法如何?

尼尔：这是最近一段日子里的热门话题。首先，我相信当日冲销交易只适合那些享有会员费率或低佣金的交易员。如果你将移动价差、佣金成本和短期资本所得税都加在一起考虑，长期交易者显然占有优势。电视商业广告中那些当日冲销者漫不经心的行为，在现实市场中很容易变成愤怒。

问题16：你认为哪个交易者最能够代表芝加哥交易风格?

尼尔：我相信是查尔斯·迪弗朗西斯科（Charles P. DiFrancesca）。他是一位交易宗师，以“短线撒旦”著称，正如贝比·鲁斯（Babe Ruth）以“全能撒旦”著称一样。他从来不接受采访，也不参加任何讲座。他甚至没有被列入期货名人录，但他是个天生的交易者和风险承担者。每天进行15000～20000合约的交易，对他来说是家常便饭。大多数大众交易者可能从未听说过他。但是，我建议你阅读一下威廉·法隆（William D. Fallon）写的《查理·P》一书。

查理曾做过一个录影片，我借来看了并从中发现一些精辟的观点。最重要的一个观点是不要有趋众心态。另一个观点是要做一个价差交易者。查理认为没有人能够创新，成为一个优秀交易者的最好途径是观察别人如何在场内交易。总之，就是要模仿优秀交易员。所以，即使有所有的新软件及其升级版，交易者也必须了解价差交易。他还有一个目标：站在飓风的中心。这是一种处于混沌之中也能够平静地进行交易的能力。

问题17：交易者在哪里或者怎样才能获得价差走势图?

尼尔：最简单直接的办法就是上网。www.barchart.com提供一个廉价的获取走势图的途径，它还提供三方价差交易平台。更进一步说，网络真正代表了交易分析的未来。

要了解有关课程和电子邮件更新资料，请与我（尼尔）联系：thevindicator@prodigy.net或（800）753-7085（时事通讯）。

资料站

一生只有一次的交易

一位交易员一辈子都在芝加哥从事交易，等着去世后进入天堂，而圣彼得翻着生死簿，考虑着这个人是否有资格进入天堂。圣彼得把生死簿来回翻了几次，皱着眉头对这个人说：“你知道，我看不出你在一生中做过什么真正的好事，不过你也从未做过什么坏事。这样吧，如果你能告诉我这辈子你做过一件真正的好事，我就让你进来。”

这位交易员想了一下，然后说，“有一次，我正沿着Shore Drive湖开车，看到一大帮人好像正在攻击一个可怜的正在跑步的女性。我放慢车速仔细一看，没错，这帮家伙大约有二十来个人，正在折磨那个女孩。我很愤怒，从车里走出来，从行李箱抓起修轮胎的铁棒，径直走向这帮家伙的头领，一个大块头的家伙，穿着件皮夹克，一条链子穿过他的鼻子挂在耳朵上。我向他走过去时，这帮摩托车流氓把我围了起来。天哪，我害怕极了。

接着，我把那条链子从首领的脸上扯了下来，用铁棒猛敲他的头。然后，我转过身来，对其余坏蛋吼道，“放了那个无辜的女孩！你们这帮病态的、发疯的禽兽！在我教训你们之前，赶快滚蛋！”

圣彼得非常感动地说：“真的吗？这是什么时候发生的事？”

交易员回答：“哦，大约两分钟之前。”

第13章 Chapter Thirteen

路易斯·门德尔松（LOUIS MENDELSOHN）市场不是孤岛；门德尔松“疯狂背后的方法”

路易斯·门德尔松是市场技术公司（Market Technologies Corporation）的总裁和首席执行官。他的神经网络研究受到芝加哥交易员的重视。

尼尔：你认为金融市场近十年来有什么变化?

路易斯：在过去十年中，金融市场经历了不可逆转的全球一体化。从前彼此孤立的市场，现在都紧密联系在一起。目前，态度严肃的期货交易者必须考虑把市场之间的动态因素纳入到交易决策之中。如果交易者继续专注于某一个市场的内部结构（单一市场分析），忽略市场与市场之间的互动关系，按我个人的看法，交易者会使自己承担一些不应该有的风险。

因此，简单地根据单一市场的交易系统发出的买入/卖出信号进行操作，已不足以把握今天的市场。这类方法于1980年代开始盛行，目前也还相当普及，但它们不能反映个人在风险偏好、账户资本、交易风格和目标等方面的差异。我现在相信，这类方法太过于刚性，缺乏柔性。最重要的是，它们没有考虑到这样一些决策参数，如市场心理、交易特长，以及只有人类才具有的理性判断能力。交易软件产生的技术分析结果，应该被看作支持决策的信息，不应该取代真正的决策本身。如果认为聪明的交易者可以把交易决策的责任完全交给电脑软件，那就太愚蠢了。

尼尔：这是有关系统交易的颇具争议的观点。

路易斯：如果分析局限于单一市场过去的价格历史，那么无论进行多少次后向测试，也无论考察多少个单一市场指标，交易者都会承担一些没有必要的风险。现在我相信，为了在同样的基础上获得成功，为了避免交易资本遭受巨大损失，最好的办法就是把市场互动分析与交易决策过程结合起来，而且交易者本身必须是积极的决策者。

尼尔：交易者还是可以运用移动平均法，是吗？

路易斯：我相信绝大多数交易者都认为，移动平均法是过滤短期和随机价格波动很好的平滑工具。但是，传统的单一市场移动平均是一个“滞后”指标，因为它们对行情转折的反应较慢。典型的移动平均指标发出的进/出场信号都发生在市场方向变化之后，经常是几天之后，这减少了既得利润，甚至使盈利变为亏损。另外，如果重新优化移动平均的时间跨度，“曲线拟合”方法还存在严重的缺陷。还有，在盘整或趋势不明确的行情中，发出假信号也是移动平均方法的一个问题。

尼尔：介绍一下你的“机会点”软件好吗？

路易斯：它是由五个神经网络组成的软件。这个软件克服了前面谈到的一些问题。第一个神经网络预测明天的价格高点，第二个网络预测明天的低点，第三个网络根据三日的移动平均预测“神经指数”（neural index）。第四个网络预测未来两天的五日移动平均，而第五个网络预测未来四天的十日移动平均。

“机会点”预测方法不是依赖单一市场的优化移动平均指标，也不是根据过去单一市场的价格信息进行线性的预测。反之，“机会点”方法考虑了对某一个特定市场有非线性影响的另外九个市场过去十年的数据。它产生一个非常有效的“领先”指标，包括两个方面的预测性移动平均交叉振荡指标。配合神经指数运用，这个指标可以清楚地显示未来一到四个交易日里市场的走向。

“机会点”方法提供的互动市场预测信息，详细地列在一份明了的单页报告上，这份报告在每天收盘后都会自动更新。你所需要做的只是通过调制解调器收集十个市场（一个目标市场和九个相关互动市场）的开盘价、最高价、最低价、收盘价、成交量和未平仓量等参数，而这十个市场共同构成了“机会点”软件程序。

当振荡指标为正值，“机会点”预测行情将上升。同理，当振荡指标为负值，“机会点”预测行情将下跌。振荡指标每天变动的大小，可以作为超买或超卖状态的早期信号，预示趋势方向和强度即将发生的变化。

结合各自的账户资本、风险偏好和交易风格等特点，交易者可以根据一个或两个振荡

指标的变化采取行动。交易者既可以在指标显示市场有走弱的迹象时平仓了结，也可以只在走弱趋势超过某个“阀值”时才平仓了结，就是说，只有当一个或两个振荡指标的值缩减至最小价格变动档位时才平仓了结。

神经指数用来确认这两个振荡指标发出的信号。它的基础是一个三日预测移动平均值，这个移动平均是由今天、明天和后天三天的收盘价构成。如果神经指数值为1.00，“机会点”预期随后两天行情将走高。当神经指数值为0.00，“机会点”预期随后两天行情将走低。目前，神经指数的预测准确度达到78%。

交易者还可以参考相关市场的每日报告取得进一步的确认信息。例如，欧元、5年期国债和10年期国债的每日报告都为债券交易者提供“机会点”对复利的预期。“机会点”所涵盖的各种能源市场、股票指数和外汇市场之间也存在着同样的关系。建立在神经网络形态辨识能力上的市场互动预测信息，使交易者能更广泛地了解市场或市场“机会点”（这就是软件名称的来由），交易者只需要关注每个市场的内部动态结构就可以认识众多的市场。

尼尔：那么我们如何把这个概念转变成实际的利润呢？

路易斯：通过结合市场互动分析进行金融预测，交易者可以看到未来的市场机会点，而不仅仅是过去的。用单一市场系统测试，很容易辨识市场过去的轨迹，发现适用于历史数据的模拟交易策略。但真正成功的交易需要对市场未来的方向做出前后一致的预测，当真正的资金投入市场时才能果断自信地采取行动。

由于金融市场内在的随机性和一些不可预测的事件，不论交易者拥有多少金融、智力和计算机资源，也没有人能够100%准确地预测市场。按我的估计，预测准确性最多只能达到80%～85%。但从不确定性决策的角度来看，即使预测准确性比这更低，该方法也比传统的分析方法有大得多的竞争优势。

尼尔：从某种角度说，市场互动分析很像价差交易。能否说你正在把技术分析带到下一个境界？

路易斯：在金融市场我有超过25年的从业经验，作为商业交易软件开发者也有几乎同样长的时间，我认为市场互动分析处于扩大了的技术分析边缘上，就像1980年代的系统测试技术。1980年代以来，市场发生了显著变化，尽管单一市场交易方法仍然很普及，特别是在初学交易者中间，但它现在有许多地方期待改进。把基于互动市场分析的预测性信息与交易计划结合在一起，认识到交易成功不仅仅是靠看看电脑输出的交易信号，或者眼球随相关市场价格走势图滚动，你就能在今天复杂的期货交易世界里成为一个更自信和更成功的交易者。

尼尔：对今天的交易者你有什么建议？

路易斯：克服趋众的本能。如果经常被引用的交易行业的统计数据还有一些参考价值（90%～95%的个体交易者最后都是输家），那么你想成功的话，就不能只做其他每个人都做的事情。不然的话，最可能的结果是你也像大多数人一样，有90%的可能成为输家。你必须按不同的方式思考、分析和行动。我从事互动市场分析已超过十年，全球金融市场也越来越紧密地联系在一起，我相信，每个交易者至少都必须了解相关市场的状况。如果你不想成为交易中的牺牲者，就不能继续忽视分析拼图上这个最关键的部分。不过，过度简单化的市场互动分析可能造成毁灭性的结果，比如假定债券和股票在任何特定交易日或每个小时总是呈反向走势。我们在这里所说的，部分是科学，部分是艺术。要想成功就要辛勤劳动，没有捷径可走。如果你不认为如此，去附和这个行业内常见的浮夸作风，那你就是在欺骗自己——最终很可能成为行业亏损统计数据中的一员。

尼尔：你能否提供一些实际的例子，说明交易者如何运用你“机会点”软件的输出结果？

路易斯：当然可以。“机会点”以两种方式为用户提供预测信息。一是图形输出，就是以日线图的形式输出信息，二是数值输出，即以每日报告的形式输出信息。“机会点”软件用户可以任选其中一种形式来研读信息，因为有些交易者更愿意看图形，而另一些交易者更喜欢看数字。

在图形左下角（见图13-1），可以看到PTM（10日预测平均移动）线向上穿越TRNDM（实际10日移动平均）线。每当这两根曲线相互靠拢并开始交叉时，就意味着市场趋势将发生变化。当两根曲线都向上延伸，就表明“机会点”预测市场将继续保持向上趋势。反之，当两根曲线开始靠拢并都向下延伸，表明“机会点”预测市场将继续保持向下趋势。图13-1显示了10月中旬发生的行情，PTM与TRNDM曲线交叉后向下发展，“机会点”软件告诉用户，市场趋势发生了改变。

每日数字报告（见图13-2）包括三部分。第一部分是指数，数值范围从0.00到1.00。这表示市场可能在什么时侯到达顶部或底部。

交易者必须注意的是指数值的增加或减少。举例说，当指数值从0.00转变为1.00，这就表示“机会点”预测市场方向向上变化。由于该指数不可能大于1.00，一旦它达到并停留在1.00，就说明“机会点”预测市场将持续向上发展的趋势。你可以注意到，1998年10月5日到1998年10月6日，指数值从1.00下降至0.82，这也意味着市场发展方向的转变，不过这次是向下发展。指数值进一步下降到0.00，并保持这个值达数天之久，这表示向下的趋势。每日报告的另外两个部分与指数部分排列在一起。PTS Diff是5日实际移动平均与5日预测移动平均的差值，预测值是“机会点”软件通过它的市场互动分析能力得到的。

首先要了解走势图中的价格支撑和压制区域。在这些区域，股票和商品价格过去的走势停顿下来。股票价格走势在某特定价位停顿的次数越多，该价位区域的支撑和压制力量越强。在走势图的价格低点画一条水平线，这条线就是价格支撑线，价格在这里一般会向上反弹。在走势图的价格高点画一条水平线，这条线就是价格压制线。你会经常发现，某个支撑区域后来成为了压制区域。同样，股价最后穿过的某个压制区域成为未来的支撑区域。

每日走势图中的支撑和压制区域可以帮助交易者更好地判断值得进场的交易机会。如果在你的买入价位上方有许多压力，那么就应该放弃买入交易。反之，如果价格压制区域被突破或正被突破，买进就是一个较好的交易选择。密切注意日线图和盘中走势图中的这些区域，如果你打算买入，就要找到在目前价位上方最近的压制价格水平线，如果打算卖出，就要找到下一个支撑价格水平线的位置。不要主观臆断市场走势，要根据日线图和盘中走势图的形态做出反应。支撑/压制水平线会帮助你找到最好的进场交易时机。

应该避开"密集交易区"。如果某种商品或股票的价格没有明显趋势，每日的价格区间（最高价与最低价之间的范围）很小，或者说市场呈横盘整理行情，最好避开这种市场。要等到价格突破成交密集区，开始出现良好的价格摆动走势再进场。这才是你应该寻找的交易机会。另外，还要考虑最近每日价格走势图的平均范围（从最高点到最低点）。如果某只股票目前的交易区间小于平均水平，那么就不应该考虑当日冲销。寻找股价目前摆动模式呈现"交易者友好"型的股票，在这些股票中获得更大的利润。商品交易的每天价格区间平均幅度，债券大约为16个价格档位，大豆大约为10美分。

你还可以注意到，很多时候在股票市场中，50天和200天的简单移动平均起着价格支撑或压制的作用。这是因为许多基金经理都监视着这些移动平均线，并以它们作为买进和卖出决策的依据。这些平均线有助于你的分析。支撑和压制水平线有助于你的当日冲销交易决策。在单日和盘中时间范围内，它们显示商品价格走势向上或向下的可能幅度。这是确认或排除潜在交易机会的最后步骤（或过滤步骤）。

注：巴瑞的传真号码是（214）827－9530。

第14章 Chapter Fourteen

托马斯·彼得森（THOMAS R.PETERSON）没有箭头的靶心交易

汤姆·彼得森于1996年11月参加了我在加州举办的讲习班。当时，芝加哥和华尔街的很多分析家都建议做多加拿大元，但他却警告我别太乐观。之后，行情急转直下，加元大幅下跌。从那时起，我们成了很好的电话朋友。汤姆以交易为专职，也为一群特定的投资商做咨询。

尼尔：你的分析非常与众不同，既采用了技术分析法又采用了基础分析法。你是如何平衡两者的呢？

汤姆：自最初的市场交易以来，职业投资商们就在尝试着使用先进的分析方法来理解价格、成交量、时间之间的关系，希望以此获得一个优势。尽管从业者们靠所谓的“技术分析”赚了很多钱，但时至今日，外行的投资者们仍普遍相信这个方法不“管用”。也就是说，盛行的观点认为，投资者无法通过技术分析获得稳定的利润。事实上，如果有某种分析方法能在大多数市场环境中起作用的话，这种方法就是技术分析法。不过技术分析需要结合基础分析才能正常运行。最棒的交易者全都是某种类型的“信息解读者”。这是因为优秀的职业投资商不断地寻找证据来确认他们的交易方案是正确的。他们用基础分析法来判断市场的长期架构，用技术分析法来选择时机并确认基本分析法的观点。如果你对某个投资看好，你需要看到交易证据，证明积累（accumulation）的绝对优势。如果你希望卖出，你需要看到出货（distribution）的证据。

尼尔：你怎么知道自己什么时候错了呢？

汤姆：内行交易人发现自己开始亏损时就知道判断错了。这听起来似乎简单，可这正是职业玩家做交易的态度。他们尽量让损失保持很小的范围，因为他们按固定比例增减（scale）他们的头寸。他们努力让他们的买卖进行得不出所料。如果不是这样，他们知道至少也得退身出来，重新评估自己的观点。如果建立头寸之后，行情没有立即朝着对自己有利的方向发展，这说明自己要么判断错了，要么进场早了。他们担当不起因坚持自己的市场走势观点，去继续持有或者追加一笔亏损的交易所可能带来的后果。死板的思维者只会在有明显趋势的行情中兴旺，而弹性思维者能在所有的行情中赚钱，因为当他们错了，即使是暂时错时都愿意承认。犯错，这对一位弹性思考者来说是一个重要信息。

尼尔：那么，汤姆，你打算怎样把这个信息传递到广大的交易者那里？

汤姆：市场技术分析师协会（Market Technicians Association）最近采取了一些措施，希望技术分析能在投资产业中引起更多重视。1998年7月，该协会刊登了我的一篇文章。我主张技术分析师不应该自行把所有的“异教徒”皈依TA品牌（技术分析牌）的分析法。我相信，能够不断地赚钱就足以证明分析方法正确了。而且，既然技术分析（TA）提供给投资人一个极好的工具，如果只有受过教育的少数人采用，这倒是一大优势。我甚至不厌其烦地证明，孤立地运用基础分析法不“奏效”。你只需抓起任何一份日报就能发现关于某些基础分析师被发现出了重大判断错误的审慎报道，以及随之而来的某个一度看好的公司股票的暴跌。在现实的投资世界里，你必须不断地重新审视你持有的股票债券，寻找迹象说明你的投资项目在按照你的预期发展。

尼尔：你是不是更倾向于短线交易，而不是长期投资呢？

汤姆：我更喜欢采用的方式是用投资组合的其中一部分做短线交易。其余部分跟着趋势中期操作。我也按传统的资产分配方法，把资金分散在股票·债务工具和现金上。我厌恶目前流行的所谓“买进并持有策略”。在我看来这不是什么策略。用这种策略，你会放弃太多锁定利润和规避市场风险的机会。长期投资的信条只是那些独眼分析师的心理避难所，他们的眼睛只看见牛市，鼓励大家一味地“买进持有”。这个做法就相当于在路上行驶，对改道行驶的路标视而不见，径直向前开，相信迟早路况会变好的。一路上，地面的坑洼会把你的轮胎掀起，把你的车毁坏，可是你却执意盲目地向前开，还希望你后面的车队跟着你。为什么你不改道、不绕开坑洼行驶呢？这是因为大部分司机意识不到自己在地图上所处的位置。他们太固执，即使发现自己遇到麻烦了也不愿意倒车。另外，他们相信从长远来看，逆境总是会过去的，但这得假定自己不在逆境中趴下。

正如大家所知，金融市场牛市比熊市的周期长。至于你的投资组合（或是你的神经）是否能安然渡过熊市或重大修正期，这是另外一码事。平衡使用基础分析与技术分析法效果最佳。投资者不必在决策上搞得太复杂。几十年来使用的方法仍是最行之有效的方法。

尼尔：你能否更详细地说明一下，为什么简单的方法会更好？

汤姆：对长期资本管理公司（Long Term Capital Management，LTCM）的倒闭，以及对他们特有的名号“火箭科学家”，已有很多议论，这些批评是对的。瑞士联合银行是LTCM的贷款人之一，由于LTCM倒闭，不得不将LTCM造成的7亿美元损失列为坏账，并开除了一些负有责任的资深经理人。当然，这只是冰山一角。LTCM的惨况让我想起1990年代早期的Olympia和York事件。在这两个案例中，损失都是由于贷款银行在借出（或投资）巨额资金前，没有要求借款方提交详细的财务报表。这实在令人惊讶，银行怎么会重复犯同样的错误。我想，这与我们盲目相信学术精英的文化有关。对实时现实交易（相对于单纯的后向测试）的研究显示，市场中稳定的获利能力与投资方法的复杂程度之间存在负相关关系。许多银行都有数字情结，它们抱着这样一种观念，认为只要充分地玩弄数字就能获得优势。这种观念助长了像LTCM这样的越来越复杂的卡片公司。这种观念的基础非常脆弱。另外，忽略行情周期中风险在不断增加的技术证据，整个局势可能失控，从而影响到其他的市场——事实上，可能影响到全球市场。

尼尔：你似乎不太认同对冲基金？

汤姆：一点也不。“对冲基金”本身是一个很笼统的词。我最喜欢的对冲基金操作方法，以及我在投资组合中现在使用的方法，实际上是一种非常积极的方法，在价格高估的情况下它利用做空来获取利润，它也通过S&P指数交易来平衡市场的短期风险。

另一方面，市场上也有像LTCM这样的对冲基金。根据我的理解，像LTCM这样的对冲基金试图攫取各国债务工具之间的价差，以此做为它们的策略之一。我在1997年10月19日所做的预测报告“吹着口哨走过墓地”中（该报告正确地预测到10月27日的暴跌行情）曾谈到，一个称为“泰德价差”（Ted Spread）的技术指标（即美国国债与欧元之间的利率差），当时已扩大到95点，而其正常值大约为85点，这显然是对市场的一个警示信号。泰德价差从历史上看是一个全球风险度量指标，因为欧元存款具有信用风险，而美国的国债券非常安全。就这个例子来说，由于对冲基金试图攫取不同信用等级债务工具之间的非正常的价差关系，它们的所作所为与专业交易者的完全不同，所以它们被烫伤也就不足为奇。从另一个角度来说，它们是按警示信号“逆向而为”！它们试图将自己的市场观念强加给市场。这是某种形式的市场傲慢，一般来说，傲慢的交易者最终不得不学会谦虚。

尼尔：所以，你认为芝加哥交易风格就是将技术分析和基本分析结合在一起?

汤姆：是的。我知道场内交易员已经采取这种方法。我相信，如果采用许多场内“居民”所使用的芝加哥风格的交易方法，每个交易者都会提高自己的绩效。恰当地运用技术分析工具，中期投资方法定会成绩显著，尤其是这样可以避开下跌行情期间的风险，使投资者保住在牛市行情中辛辛苦苦得来的利润。投资活动应该少一些火箭科学的成分，更像高尔夫运动。总之，如何到达目的地无关紧要，最重要的是到达目的地。

尼尔：汤姆，我相信读者一定认同你提出的这些使用方法。

汤姆：谢谢。

汤姆的电子邮件地址为trader8@home.com。

资料站

气球飞行员

一个人驾热气球飞行，发现自己迷路了。于是他降低高度，看到下面有个人。他把气球的高度又降低了一些，大叫道：“对不起，你能不能告诉我，我现在的位置在哪里?”

下面的人说：“没问题，你在热气球里，距离地面的高度为30英尺。”

“你一定是技术分析师。”气球飞行者说。

“没错。”下面的人回答，“你怎么知道的?”

“哦，”气球飞行者说，“你告诉我的这一切在技术上都很正确，但对谁都毫无帮助。”

下面的人说：“你一定是基本分析派的交易者。”

“是的，”气球飞行者回答，“但你又是怎么知道的?”

“哦，”这个人说，“你不知道自己在哪里或者要去哪里，却指望我能帮助你。现在你还是在原来我俩相遇前的位置，但这一切都成了我的错。”

所以，至少我们这些芝加哥人希望在下一次政府报告公布之前做一名技术分析交易者。

第15章
Chapter Fifteen

马克·道格拉斯（MARK DOUGLAS）交易之前先管好自己

马克·道格拉斯是一位作家和交易顾问。他的著作《自律的交易者》是每一个交易者的必读书籍。马克和我曾一起进入密执安州立大学。他的客户中有芝加哥顶尖级的场内交易员。

尼尔：马克，交易者能够掌握的最重要技巧是什么？

马克：交易者能获得的最基本技巧是一种真正接受交易固有风险的能力。市场呈现的集体行为模式具有统计上可靠的结果。但是，每个个体行为模式的结果只具有可能性。谁也不能保证胜出，经济损失与犯错的风险肯定存在。

问题是大多数交易者都错误地假定，因为要建仓平仓，自己必然是风险承担者。对绝大多数交易者来说（事实上，只有少数最好的交易者除外），这种观念都错得离谱。没错，交易当然有风险。如果要建仓平仓，你的确要承担风险。但是，你从事交易，并不代表你已经知道应该如何接受风险，如何在自信的心态下保持专注和自律。承担风险与真正接受所承担的风险之间存在着巨大的心理鸿沟，这对心理底线有着重大意义。

尼尔：什么叫做真正接受风险？

马克：最好的交易员能够承认自己的错误，从容认赔，不会有丝毫情绪波动。如果你还没有学会接受风险的技巧，任何交易系统——无论是基于技术的还是基于基本面的，或者其他什么——都无法消除你犯上述心理错误的可能性。你好好想想，或者回顾一下过去的交易，一定会发现自己绩效不佳的真正原因是由于心理错误，而不是由于你的交易系统或交易方法。如果你做做这类简单的练习并且发现这是事实，显然，作为一个交易者，你所要学和要做的最重要的事情就是明白交易成功取决于一个人的保持自信、自律和专注的能力。

注：马克·道格拉斯的网址是www.markdouglas.com。

资料站

芝加哥风格交易的前景

芝加哥风格交易的前景怎样？我问拉利·舒曼（Larry Schulman）。拉利过去是一位场内交易员，也协助交易员实施海外市场交易策略。拉利现在是一家屏幕交易公司Goldenberg，Hehmeyer&Co.的总经理。

任何成功的交易所都需要做两件事，一是保持市场透明度（包括市场进入，价格披露和市场信息），二是使交易成本最小化（流动性和直接成本）。电子市场提供了参与者偏爱的两个市场要素，即信息对称性和进入市场的平等性。但是，这两个要素的重要程度都不如交易成本，尤其是流动性。芝加哥交易者提供的市场流动性是全世界最好的。这方面最有力的证据是，1997年底，LIFFE（伦敦国际金融期货期权交易所）公债合约的市场占有率很快转移到DTB（德国期货交易所），主要是因为DTB接受芝加哥会员。这一明智的营销决策使得DTB能得到芝加哥场内交易员的协助，在提高合约的流动性上与LIFFE的场内交易员展开竞争。表明上看起来，这是电子交易对公开叫价方式的胜利，但实际上是对芝加哥交易员的交易技巧的认可。

这对场内交易和公开叫价与电子交易之间的比较有什么意义呢？电子交易市场允许交易者同时进入几个交易场，而且电子交易者与场内交易员和最大的经纪人的地位完全相同。电子交易最终将取代公开叫价方式：超级交易员会认识到他们能够从一般交易者手中赚取更多的利润，因为只需要较少的交易者就能够提供足以吸引市场参与者的流动性。另外，电子交易可以消除市场参与渠道的障碍，这些障碍使得流动性最好的交易场取得自然垄断地位。在成熟、流动性好的市场中，交易新手很难与经纪人打交道，很难让其他市场参与者感受到他们的存在。为获得一个成功造市者所需的技巧而付出的额外时间，是大多数参与者所负担不起的市场参与成本。电子交易使得新手有机会与老手站在同一起跑线上，这极大地减少了市场参与成本。这样就保证了天才新手与资本源源不断地流入市场，否则这些资源都会流失到其他行业去。

科技面貌的变化和市场份额的转移这两个方面极大地证明了芝加哥造市者的优越性。这说明创造流动性市场的交易技巧多么重要，最终它也会创造一种环境，使得在场内产生的风险管理技巧可以不离开密执安湖或错失任何牛市行情而传遍全球。

注：拉利·舒曼（Larry Schulman）在Goldenberg-Hehmeyer的电话是（312）922-6765。

资料站

一位居家当日冲销者的评注

厄尔（Earl）是我在网络新闻组认识的网友。

尼尔：跟我谈谈你在芝加哥市场的当日冲销交易吧。

厄尔：我每天花六个半小时进行交易，每周四天，平均每天做两到三笔交易，但有时一整天没有交易。为了交易做准备，开盘前我要花一个小时，晚上两个小时，周末大约六个小时，一周总共大约花45小时。我的交易一般持续时间很短，亏损交易5～10分钟或更短，盈利交易不超过60分钟。在交易日的某些时间段里，尤其是10点到12点（山区标准时间），我会在走势图上设警示标志，然后做一些别的事情，包括收发电子邮件、阅读或系统开发。有时候我会走出房间稍微休息一下。我不会勉强做交易，绝不会接受我不喜欢的交易。

我完全在线上进行小额交易，使用相对而言较小的杠杆率，也就是说，远远低于交易所的最低限制。

回顾10月份的情况，我的交易大约60%是亏损的，损失程度大多在0～0.5点，没有一笔交易的损失超过2点。但是，其余40%的交易在上个星期已经超过月盈利计划。结束几笔不错的交易之后，这个月的情况就已经相当好了。到达目前这种状态，我经历了好多年的失败、研究和准备，而且还有许多东西有待学习。大多数准交易者不能成功，是因为他们缺乏健全的资金管理制度，耗尽了交易资本；缺乏学习交易的时间，耗尽了生活资本；或者从未获得必要的心理资本。

第16章 Chapter Sixteen

安德鲁·舒马赫（ANDREW SCHUMACHER）
机构是如何进行交易的

安德鲁和我是一起参与华沙一家银行的顾问工作时认识的：不是印第安纳的华沙——是波兰的华沙。

商业期货（Commerz Futures L.L.C.）是一家集中交易衍生品领域中专门为机构或大客户提供高科技服务的公司，它是德国商业银行（Commerzbank AG）的全资子公司，而这家银行是德国最主要的金融机构之一。商业期货公司能让你接触到全世界所有主要的期货和期权交易所，它提供的服务包括执行与清算、交易设施的管理维护、基金管理和最新的24小时电子市场下单平台。

尼尔：你在德国商业银行的职务是什么？

安迪：我是商业期货公司全球期货交易部的副总裁，这是德国商业银行下属的全资机构。我主要负责为期货和期权交易机构提供24小时服务的电子交易平台。我们配备有Eurex交易者工作站、Matif/Monep GL/NSC终端、CME的GLOBEX2和CBOT的Project A工作站、以及NYMEX ACCESS终端等设备，通过电子交易终端和下单系统为我们的国际客户提供交易执行服务。我们也为全球的公开叫价交易所提供完整的服务，直接或通过中介执行交易。

尼尔：安迪，提到芝加哥交易风格时，你会想到什么？你认为它将来会如何演变？

安迪：提到芝加哥交易风格，我首先想到的当然是CME的S&P指数和欧元交易场，还有CBOT的像飞机停机棚一样的金融产品交易场。这些市场与世界其他交易所完全不同。在交易活跃的时候，场内的那种场面和纯身体的竞争，实在令人震撼。一直到最近，CBOT和CME的场内公开叫价制度与交易所会员组织结构，都还是其他地区组织期货交易的榜样。

但是，目前仍然采用公开叫价制度的市场，比如芝加哥，其会员席位价格已一落千丈。针对这种情况，目前交易所采取三个应对策略，一是在传统的交易场外开通电子交易，二是全天为交易者提供两种交易指令执行方法，三是有选择地与欧洲和亚洲市场开展合作，通过电子方式将交易指令送到既有的交易场内。但是，当这些交易所投入大量资源支持这些新措施，花时间让会员投票核准这些改革方案时，新型的电子交易所也在不断积累经验，扩大市场份额。电子交易所数量的不断增加，主要采用公开叫价制度的交易所的电子交易量的增长，以及Matiff、LIFFE和SFE最近或者按计划进行的从公开叫价向屏幕电子交易的转变，都证明了这样一点，即在由赢利性公司管理的电子交易环境下的新型商业模式将是我们未来的模式。

如同大多数其他金融中心一样，芝加哥目前也处在转型期。互联网络下单系统和电子交易终端的出现，迫使许多市场参与者，比如场内交易员、商品交易顾问和经纪商等，永久地改变了他们的经商方式。想象一下这样的世界，通过电子终端进行交易的场内交易员，再也感受不到市场的气氛，看不见同事困惑的眼神，听不到场内恐慌的叫声。过去总是根据每天的开盘和收盘信息做出交易决策的技术分析顾问，现在面对一天24小时循环交易的情况又将如何操作呢？期货委托商（FCM）又如何保证一个24小时的交易平台永远配有有经验的炒作人员，能够通过电子终端、下单系统软件和公开叫价交易场等各种渠道，为全球提供超过300多种期货和期权合约的交易服务？市场终将发生一些重要变化。更多的场内交易员必须适应电子交易，否则就得离开这个市场。他们从事交易的市场和时间不再固定不变。他们必须寻找新的途径以获得市场“优势”。经纪商和交易所以及其他业内相关者，如软件和数据供应商也都必须做出相应的调整。集中市场的场地规模将缩小，而楼上电子交易室的规模将扩大。许多经纪公司现在已经通过电脑为交易者提供国际市场交易服务，而不是把交易者集中在一个交易场内。在电脑文化中成长起来的新一代交易者更喜欢电子下单方式，因此对电子交易的需求在不断增长。

尼尔：这对散户意味着什么？

安迪：散户必须充分利用这一新的信息洪流与力量。在这种环境中，交易者可以通过更多的渠道获得信息。经纪人提供建议和信息会比过去少，但提供信息解释会更多，承担风险和技术管理会更多。交易所—经纪人—客户三者间的关系也将发生变化，交易所会更直接地与客户联系，不再完全依赖经纪商。这个变化会使所有各方重新思考自己的角色，也会引发软件供应商的增加，因为最终用户要求软件使用更方便，界面转换更容易，他们不希望学习每个独立系统的各种复杂操作技巧。随着单位交易利润不断下降，技术设备的购置和维护成本不断上升，主要交易所和清算公司的数量将会逐渐减少。期货和期权产品将打包成FCM的产品组合，这些FCM为全球性银行拥有，能够在自己更大的客户群中分摊这些成本。交易所已经看到以电子方式推出新产品所带来的速度的提高和成本的节约，但更新和维护巨大的计算机网络也需要大量的费用和专业人才，因此，交易所之间将不断地进行合并和开展合作。由于市场参与门槛低，小型专业网站和定位于特定市场的电子交易所的数量可能增加。这也会迫使主要交易所做出调整以应对这方面的威胁。

尼尔：你认为交易员经常犯些什么错误?

安迪：很多书籍都专门讨论过这个问题。我认为比较常见的错误有以下几个方面，不过排序与问题的重要程度无关：

1. 感情用事。我将其叫做“我是对的，是市场错了”症候群。你可以听到交易者这样说“嘿，我今天对市场的看法完全正确”，或者“天哪，我对行情的判断完全错了”。人类对于“正确”的需求会遮蔽理性的思考，致使无法在迅速变化的市场环境中采取适当的行动。技术派交易者也会犯同样的错误：“我的系统不能在这类市场中进行交易。”最好的交易者，即那些长期获利的人，都会尽可能排除情绪的干扰，不论交易金额是大还是小。只要判断失误，他们就会立即出场。当一笔交易获利时，他们也搞不清这笔交易为什么获利，而另一笔交易为什么又亏损。当市场行情朝着他们期望的方向发展时，他们保持着谨慎乐观的态度，而且仍会按预定的策略出场，当进场的条件消失时就出场。他们把交易视为策略活动，在不断变化的各种因素或在不平衡的市场结构中寻找最佳的风险/回报比率。他们不是每笔交易都赚钱，甚至不是大多数交易都赚钱，但他们的损失比较小，而获利比较大。

2. 认为情况不会变化。另一个严重错误是把一连串的盈利交易当作自己交易技术高超的证明，认识不到造成这些盈利的市场形势是暂时的，可能一夜之间发生变化。他们盈利也许是运气好，也许是粗略地了解了影响市场的各种力量，因此对行情做出了正确的判断，但也就仅此而已……仅仅只是粗略的了解。

3. 第三大错误是过度交易。不顾是否符合交易准则，始终希望自己在场内有一席位置。或是毫无合适理由地进场出场。

4. 缺少自律性。无数聪明的交易者在很长一段时间里非常成功，结果在一笔交易或很短暂的一段市场骚动中亏得精光。我见过这类事情，既发生在一些最小的个体交易者身上，也发生在世界上最大的资金经纪人身上。严格采用并坚持一套规范，设定每笔交易的风险限度，做到这一点可能对所有的交易者都难。

5. 第五大错误是，交易者对资金的大幅增加或大幅减少不能适应。当交易者账户上的资金突然令人羡慕地大规模增加时，他没意识到他的某个交易系统或者眼下的交易市场并不合适进行大规模的头寸操作。比方说，在黄豆油期货市场，10口契约和500口契约的收盘市价会对市场造成截然不同的影响。

尼尔：你们的大部分都是系统·技术交易者还是自由式交易者？

安迪：当然两种都各有一些。发展趋势是系统·技术交易更多。大多数国际银行都普遍降低了内部各部门的交易风险，尽可能的维持稳定的报酬。这更适合那些能清楚地界定参数、显示可行而稳定的追踪记录的交易者。我发现，随着资讯的普及以及传统市场资讯来源的变化，自由式的交易者也日益举步为艰了。我并不是在评论谁赚钱多，谁更会做交易。可是，如果你看看那些顶尖级的交易员，看看他们管理的资金，看看他们的长期收益，就会发现很少有人是靠直觉交易的。他们大多采用复杂而多层次的交易系统，这些系统最初就已经是划时代的，之后又不断更新，顺应市场变化，迎合潜在投资商想要的风险·回报之比率。

尼尔：你能描写一下“优秀”交易者与“蹩脚”交易者之间的一些异同吗？

安迪：也许听起来奇怪，所有我接触过的长期成功的交易者都对他们交易的产品了如指掌。我是说对产品的一切都了解：可供交割的根本资产、到期日、重大市场波动期间的历史价差、谁是主要玩家、开盘价怎样计算，等等。他们利用这些资讯来把握优势。那些不成功的交易者则会说：“只要我能看到价格，拿到走势图，我就可以交易了。”这不是在交易，是在赌博。我打过交道的成功人士既不追求重新发明车轮，也不想采摘到行情的顶部或底部，也不使用最新的交易系统。他们采用严格的，经过考验的方法，从小笔交易做起，从错误中吸取教训。

尼尔：你是否相信交易系统的后向测试？

安迪：我给你的答案听起来有点政治味道：相信，也不相信。所有成功的交易者都会先在模拟环境下做些测试，然后才去让他们丢钱或赢钱的地方“现场”交易。可是，他们也明白，真实世界中的交易，可能有而且一定有与模拟测试不同的结果。我曾见过几位天体物理学博士交易者。他们对自己的交易系统做过多年历史测试。但是，当他们把真钱提到交易场下单后，系统混乱了，他们感到很困惑。因为之前他们不屑于了解市场细节，例

如：交易活跃月份，市场流动性，买·卖价差基准以及停止单滑移价差。

尼尔：你们对客户的资本类型有什么规定？

安迪：商业期货（Commerz Futures）提供的清算服务只限于联邦储备银行所定义的金融机构客户。我们的客户大都是为国际性金融机构工作的财产交易者或者资金交易者。我们也为其他机构的客户下单。这些机构只负责客户的清算，但交易指令由我们执行。

尼尔：你们每天例行的交易中，有些什么新的或是人们还不太了解的衍生性金融产品？它们会对芝加哥式的交易产生怎样的影响？

安迪：成功的期货交易者很快就意识到，他们的交易风格会适用于很多不同的市场。现在，关于新产品的资讯都可以从大多数交易所网站上免费获取。而过去，如果交易者向经纪人询问某个新产品，如果经纪人对这个新产品不了解也没听说过，经纪人往往就会劝客户不选用这个产品。现在，业务被那些在某些产品领域最有经验的公司吸引去了，那些公司知识渊博的经纪人能够就交易这些产品的细微差异提供给客户忠告。这能起到缩短作业周期的功效。信息也散播得更快。不需要建造交易场所，不需要建造庞大的基础设施，交易所就能比以前更快的知道某个新产品的推出是成功还是失败。

我们有几种产品之所以还不太为人知道，真的只是结构复杂和地理位置的因素造成的。正因为我们是一家总部设在芝加哥的全球性欧洲银行的分公司，我们花费大量时间向美国客户介绍欧洲金融产品。这包括一些大型的交易所，如：LIFFE，EUREX和Matif，以及一些小型的交易所，如：新成立的汉诺瓦交易所（Hanover Exchange）、西班牙和意大利的交易所。最近几个月，我们成了期货市场的欧洲转换作业方面的专家。我们还成了欧洲、拉丁美洲和太平洋地区客户的芝加哥期货市场专家。举例来说，一月三日是我们首次通过CME的GLOBEX2系统进行新的欧元·外汇期货交易的日子。所有人都想知道契约规模、定价惯例、结算程序、以及买·卖报价的差异。我们的业务以金融产品为主。交易者希望产品具有流动性、执行速度、低成本，而且能够轻松获得相关产品的消息。如主要的债务工具、股价指数期货契约等，都属于这个范畴。这会儿我能想起来的就有德国公债、法国公债、日经指数期货，欧洲马克。某些商品交易顾问只对具备良好趋势的产品感兴趣，或者只对具有足够的历史价格数据，能达到自己交易系统标准的产品感兴趣，不考虑成交量和未结清权益。所以，尽管一位技术交易者并不了解三个月期的欧元利率契约，不了解阿度奇（aduki）干红豆，不了解MSCI台湾股价指数期货的基本情况，也不妨碍他用自己的交易系统做这些产品。和我们往来的基金经理们愿意使用任何产品，只要它们符合自己的投资组合条件，可以是CME的欧元期货，也可以是TSE的日本公债期货契约。所以说，芝加哥风格永存，但芝加哥产品不一定永存。

尼尔：安迪，有人说你拥有的是最理想的工作，你自己怎么看呢？

安迪：我不这么认为。我想正在读这本书的金融市场的人大部分都会认为，悠闲地躺在自己的游艇上，透过自己的账户进行交易，又不用特别在意这个月是赢是亏，那才是最理想地工作。

我的工作是负责客户业务。如果你追求固定的工作时间、工作的稳定性，或者你不喜欢快节奏的变化与争执，这个位置显然不合适你。大部分时间我都在应对混乱。不是市场波动反复无常，就是交易所要改变软件，或是某个市场推出了新契约，或是因为对买卖指令的执行不满意，你的最大的客户要离开，或是为晚班的职员配备发愁。基本上，从中央标准时间星期日下午3：00到星期五下午4：00，任何时候，不论白天还是晚上，我都随时等候召唤。再者，交易产业正处于整合时期，经营利润持续下降。说到在交易所交易期货和期权，这正是我们的业务发展方向。我宁愿处于领先地位，不落后于发展。1980年代，国际期货市场的交易量出现了巨幅增长。1990年代至今，电子交易终端对交易者进入市场的方式产生了巨大的影响。眼下，第三方软件供应商处于领先优势，为交易者提供共同的、分期执行的用户装置，便于与交易所的开放式构架数据供给装置相互联系，让交易者在一个屏幕上同时连接多家交易所。但是，尽管经历了这么多发展阶段，有一件事实始终没有改变：无论是法兰克福风格、东京风格，还是芝加哥风格，好的交易者还是很难找到。

尼尔：还有最后一个问题。

安迪：好的。

尼尔：我们下一次飞波兰，我可不可以坐靠窗的位置？

安迪：不行！

安迪目前在Warburg，Dillon和Read工作。联络电话：（312）554－6610。

资料站

你说了算

如果你觉得你的交易得你做主，或者认为你的交易系统比市场算得还精明，那么请记住下面这个故事。

加拿大人：请改变航向，朝南调整15度，避免碰撞。

美国人：建议你自己改变航向，朝北调整15度，避免碰撞。

加拿大人：不行。你必须把航向朝南调整15度，避免碰撞。

美国人：我是美国海军舰长。我再说一遍，改变你的航向。

加拿大人：不行。我再说一遍，改变你的航向。

美国人：这是林肯号美国航空母舰，美国大西洋舰队第二大军舰，带领三艘驱除舰，三艘巡洋舰，还有无数支援船只。我命令你朝北调整15度——我再重复一次，向北调整15度——否则，我们会采取对付措施来保证本舰队的安全。我们正在执行军事任务，我们会采取任何必要行动保证任务的完成。你明白了吗?

加拿大人：这里是灯塔，请回话。

第17章
Chapter Seventeen

查克·勒保（CHUCK LEBEAU）寻找逃生门或防火墙

无论是从基本分析还是技术分析的角度来看，互联网和新闻媒体都是获取交易点子的重要渠道。以下是我和我的朋友查克·勒保在网上就我提出的两个问题进行的交谈。查克在我的芝加哥研讨班和洛杉矶研讨班都做过讲座。

尼尔：查克，在芝加哥市场进行交易，你如何设置停止单？

查克：一个方法是“吊灯出场”法（Chandelier Exit）。我们经常强调理想出场方法的重要性，这个是我最喜欢的方法之一。卖出停止价位设定在数个平均真实区间（average true ranges，以下简称ATR），即入场后最高价或最高收盘价的位置上。当高价继续上升，停止价位就向上调整，绝对不向下调整。（注：平均真实区间是实际发生的区间，考虑重大报告、快速行情等造成的缺口）。

范例：

进场后的最高价位减去3个ATR，设定为卖出停止价位。

进场后的最高收盘价减去2.5个ATR，设定为卖出停止价位。

应用：我们的顺势交易系统喜欢使用“吊灯出场”法作为出场方式之一。（名称由来：出场点是向下的方向，就像市场挂在天花板上的吊灯一样。）

这个出场法特别有效，它能让利润顺着趋势的方向持续增长，同时又能防范趋势的重

大逆转。事实上，我们的研究表明，这一出场方法效果非常好，你可以通过随机方式进入期货市场。只要使用它，到一定的时候肯定获利（如果不信，不妨试试）。如果用于长时期的趋势跟踪，在大多数市场的最佳ATR数值在2.5～4.0之间。

尼尔：你还有另一种出场法。

查克：是的，是“悠悠出场”法。这种方法类似于“吊灯出场”法，不同的是ATR停止点总是限定在最近的收盘价附近，而不是在最高价附近。由于收盘价会时高时低，停止点也会随之时高时低（因此取名“悠悠”）。虽然表面上看来与“吊灯出场”法相似，但其中的逻辑有点不同。

“悠悠出场”是典型的价格波动停止点，人们试图用它来辨认一天之内发生的异常的逆向价格波动。异常价格波动往往是某个新闻事件引起的，或者由某个可能标志着一种趋势结束的重大技术反转引起。这种逻辑使得“悠悠出场”法非常有效。只要这种停止点被触发，我们通常都不会后悔。

我们应该告诫大家的是，“悠悠出场”永远都不应该是你唯一的损失规避方法，因为价格如果出现缓慢的不利走势，“悠悠出场”也会每天移动，从理论上说，停止点可能永远都踩不中。

“悠悠出场”与“吊灯出场”结合使用效果最佳。“吊灯出场”通常设定在最高点的3个或更多ATR处，决不会下降。因此，它可以防范任何缓慢的趋势逆转。“悠悠出场”通常设定在最近收盘价的1.5～2.0个ATR处，可以用来防范异常的单日突兀状价格波动。当两种方法一起使用时，每天的有效的停止点是两者中最近的那一个。

尼尔：你会针对这个补充一些资金管理方面的忠告吗?

查克：使用ATR为基础的停止方法时，我们必须牢记，价格波动范围可能迅速扩大到我们能够接受的风险程度。我们不希望毫不知情地超出我们的资金管理计划所制定的风险限制，因此，我们应该设定一个以金额为基础的“最糟情况”停止点，或者做好准备，当ATR数值上升的时候迅速减少头寸规模。什么时候应该减少头寸规模？什么时候应该实施我们的固定金额停止点呢?

如果价格波动的扩大对我们有利，减少我们的头寸规模显然是不明智的，因为行情才刚刚开始朝着我们希望的发展。为此，我宁愿在获利的头寸上使用金额为基础的停止点，而不愿意过早地减少有优势的头寸的规模。显然我们都希望获利头寸的规模越大约好，亏损头寸的规模越小越好。因此，只有当价格波动的增加不利于我们时，减少我们的头寸规模才有意义。

一旦获得了重大利润，就可以放心地减少头寸了，也不会牺牲太多的潜在利润。

尼尔：谢谢你，查克。

查克·勒保的电子邮件地址是：chuck@traderclub.com。

资料站

就业报告

一般说明就业报告对于金融市场来说，是一系列经济数据中最重要的一份数据，因为它具有很强的时效性，能综合反映整体经济活动的现状。正因为如此，这份报告永远是政治家和货币政策官员的一个关注焦点，所以也就引起了全球金融市场的重视。一般说来，尽管有研究表明就业报告经常落后于产量变化，但它仍然是最好的衡量经济活动的并存的手段之一。

经济指标信息一览表——就业报告

市场重要性	非常重要
正常公布时间	每月第一个星期五，东部时间上午8：30
公布单位	劳动部/劳动统计局
涵盖期间	头一个月
网址	http://statts.bls.gov:80/newsrels.htm

就业报告公布的当天，劳动统计局局长向国会“共同经济委员会”就就业情况进行每月一次的例行简报。听证会上，局长对就业数据进行评论、阐述，使之合格化，讨论数据中或即将对数据做出的变动中任何已知的异常现象。当国会处于休会期间时，局长则召开记者招待会来讨论报告。

由于就业报告牵涉到很多复杂的层面，金融市场的参与者经常对这份报告进行比其他经济报告更深入的剖析。此外，近年来，金融市场越来越对就业报告统计方法的技术问题心存疑虑。因此，以下讨论中的技术性细节会特意地多于其他章节。

数据理解　美国劳动部劳动统计局每月提供两份不同的就业数据测量方法。机构统计法（establishment）或称在职人员名单统计法（payroll）是以发薪员工记录为依据，测量非农业产业的就业情况。第二种方法，以家庭为单位的统计法，是以调查为依据，测量十六岁即以上的平民、非机构雇佣人口，包括农业人口和自由职业者的就业情况。

本资料摘自《交易基本原理》修订版。（Trading the Fundamentals， Revised Edition， by Michael P. Niemira and Gerald F. Zukowski；1998，The McGraw-Hill Companies， Inc.）

第18章 Chapter Eighteen

委员会

临场交易，即时交易，无大师可循

以下采访的是一群芝加哥地区以外的交易者。他们在芝加哥市场做交易。

这个委员会的成员之一对我说起了他的祖父。他祖父与1920年代开始从芝加哥交易所的跑单员干起，退休时已是一家大型经纪商行的资深副总裁。

很清楚，未来几年内，系统和电脑将会主导芝加哥风格的交易，那么，听听这些人怎样看待这件事，怎样看待芝加哥市场的其他方面的发展，这应该是既长见识又有意义的事情。委员会的成员们请我在本书出版后的十二个月内不透露他们的身份。

尼尔：我们先从最年轻的成员开始吧。你花了大量时间和精力来面见并指导交易者。你一定对他们有独到的见解吧？

委员会：两年前，我在全国巡回主办研讨会，讲解怎样使用欧米加研究所（Omega Research）的交易站（Trade Station）。这段时期内，我大约接触了600位投资人。

尼尔：有多少人告诉你，他们过去运用的交易系统是成功的？

委员会：只有三个人这么说。但所有的600人都希望自己成为成功的系统交易者。那三个人之中，一人购买了一套系统，另外两人则自己开发了系统。其中，一人花了四年开发，另一人花了六年。这两个人有一个共同的特点，即对市场研究，对与系统开发有关的资料的研究决心很大。最终，两人都感到纳闷，为什么了解自己的系统的简单性要花上那么多时间。

这让我想起了一句老话：“事实很像是奶牛，老盯着它们看，它们就会消失。”

尼尔：奶牛与市场和交易系统有什么关系？

委员会：这就是说，你越是对市场和系统研究得透彻，你就越有可能最终透过表面，发现市场之间的相互关系。奶牛的例子就是这样。你仔细观察奶牛后，会注意到它们的生长环境，以及牛与环境之间所有的相互关系。可能要花上很长时间才能透过表层，发现其中的重要关系。过了一阵之后，你不是看见的牛了，你看见的是关系。

尼尔：关系，我们总是回到这一问题上。我来问全体委员一个问题：你们都是交易系统的忠实信仰者吗？

委员会：二十年以来，我们从一个极端走到另一个极端。有时候，我们感觉系统无所不能，有时候，我们又感觉系统一无是处。可以这么说，市场上没有多少好系统提供给投资者。对于软件开发商来说，设计一套好系统不如写一篇好的促销文章来得容易。

尼尔：为什么？

委员会：言下之意就是，如果你能设计一套好系统，那又干嘛卖掉呢？为什么不用它来管理资金呢？这个问题我们一直没想到满意的答案。也许是开发商没有兴趣从事交易，也许他喜欢不冒任何资金风险地赚钱。当然，我们不想一竹竿撑一船人，说他们都推销低于标准的系统。我们的意思是说，市场上有好系统，但是不太多。

尼尔：每个人都有一套系统嘛？我来请一位委员回答。

委员会：没错，每人都有一套，不管是书面形式的还是内在的。我说的内在系统是指人的直觉。这两种系统都有章可循。我喜欢机械的系统，因为它强迫你作决定，不受情绪影响或靠猜测行事。我要求自己按信息交易，没有变卦的余地。

尼尔：机械系统要比任意系统好吗？

委员会：不一定。系统是由很多规则构成的决策模式。人们遵循这些规则进行决策。机械系统也好，任意系统也好，都不影响模式的质量及其潜在的规则。决策所遵循的规则至关重要。任意交易的一个局限是市场较少。如果采用任意系统就得观察市场。一个人能观察的市场不可能很多。很多时候，任意式的交易者只关注一个市场。机械系统则可适用于所有市场。我发现只交易几个市场易造成收益不均衡，几个月盈利，几个月不盈利。在

第19章
Chapter Nineteen

道格·帕崔克（Doug Patrick）
你可以避免重犯我的错误

道格花费了不止一万个小时来编程、检测所有交易系统。尽管他所认为的芝加哥交易风格就是及时把讯号传递给客户，但他对芝加哥市场的总的观察是非常精准的。道格和我相识是因为他向我购买Pivot Point软件。之后我们发现两人都为同一个程序设计师工作。

道格住在福罗里达州的Boca Raton，他只从事芝加哥的市场交易，用不着来芝加哥顶风冒雨。他明确选择当一名系统交易者。

尼尔：道格，你似乎坚信做交易不要从众跟风。

道格：一旦从众就永远迷茫，我是这么看的。每天我们都听到对市场的看法以及这种观点会如何关系到未来的走势。太多的多头意味着空头，太多的空头意味着多头，等等。问题是怎样判断多少是太多？它们是长期的多头还是短期的多头？是进行调整还是趋势变动？要是根据这样的信息进行实际交易，问题就麻烦了。有一件鲜为人知的事情是，在1929年的市场顶峰，有75%的分析师看空行情。问题是大部分人都以为是短期空头。这就是大部分人往往在空头市场行情看跌时买跌的原因。每波卖出都被看成是又一个买进的机会，等到察觉不是在调整时，一切都为时已晚。

尼尔：可是，不是说信息的管理是赚钱的秘诀吗？

道格：我每天都跟交易员交流，总是很吃惊地发现，同一条信息会引起那么不同的结果。我的交易员朋友使用同一个系统，有的在最近这么差的行情下还赚了钱，有人在翻两番、翻三番的行情里还亏损了。有的交易员建议我把他们当作反向指标。我一直坚信，如果我们资金管理得当，一贯坚持用高品质的系统，每个人的操作结果都应该是一样的。但事实根本不是这样。我坚持认为，我们关注什么就会得到什么。可问题是，我们大部分人老花时间去关注并不要得到的东西。比方说，我们都不希望亏钱。如果一心想着怎样能不亏损，实际上我们就不会亏损，也就仅此而已。人的潜意识是很呆板的，它会很准确地带给你它认为你想要的东西。因此，如果你老是想到亏钱，你的潜意识以为这是你想要的，于是就让你亏钱了。我们使用的系统也是一个很好的例子。如果我们只关心30%的亏本交易，忽视70%的盈利交易，结果会怎样呢？你认为会有人成功吗？当然不会。我们应该永远关注的是打赢整个战争，而不是一场战役。

尼尔：呃，你听起来真像一位行情解读大师。

道格：1987年10月，我确信市场当天一定会跌500~600点。我对此深信不疑，告诉了我所有认识的人和我的家人。我是如此深信不疑，在1987年大崩盘前的那个星期四下单时，我把原来想买进的50张合约减到了25张。我的恐惧让我少赚了125000美金。尽管我全身的每一根纤维都相信自己对了，我害怕犯错的心理让我在最不合适的时候太过谨慎。我当时客观吗？当然不客观。如果客观就能看清市场的本来面目。你必须把情感、恐惧、贪婪抛到一边，才有可能永远地在市场中立于不败之地。我们每天不断地受到各种与自己的研究、观点、观察、甚至决策相冲突的信息的轰炸。我们必须带着眼罩才能进行每一笔交易。如果能很客观地做出明智的决策，还能很严格自律地加以执行，你准会在交易中稳赚。所以你瞧，我还算不上什么大师吧。

尼尔：有人说过，交易是一种难得轻松赚钱的事情。

道格：交易的确不容易。建立一个客观、自律的心态来做交易对养成好的交易习惯是最重要的。如果你交易很难成功，或者好像总是害怕、怀疑，你首先要审视的就是你自己。我们往往采取一套可能自己花了几个月甚至几年进行完善的机械方法，做出一些可能与自己计划或系统相违背的情绪化的决策。这样，即使你偶尔决策对了，但如果不去严格遵守你的交易计划，到时候也会给你带来挫折和亏损的。

尼尔：如果看起来像鸭子，走起来像鸭子，叫起来还像鸭子，那准是只小鸡。你的话是这个意思吧？

道格：多少次有人告诉你，某则消息是利好消息。结果，几周后却发现那其实是利空消息。欢迎你进入海市蜃楼的世界。人们总相信，市场的走势背后一定存在什么原因。实际上，在任何特定时刻，市场走势都可能有数百万条理由来解释。市场永远处于变动中，左右我们观点的信息也是如此。永远记住，有一个买家就有一个卖家。而且当时双方都觉得自己采取了正确的行动。最终你会发现消息对行情没有什么长效。市场最终还是沿着阻力最小的方向运动。对此，我们能吸取的最好教训就是：多花时间倾听市场动静，不要把市场合理化。

尼尔：在你看来，交易芝加哥市场算是一套系统吗?

道格：不管称之为系统还是方法，实际上它都能为我们做出交易决策带来一个客观、一致的框架。情绪化与缺乏自律是大多数交易者失败的主要原因。市场并不认识我们个人。也没有某个秘密机构密谋拿走我们的钱。实际上，说到做出明智的决策，我们人类是自己最大的敌人。我们往往让情绪支配我们的判断。一套系统却能使我们的行动与当时的实际相吻合。一套好系统显然能做到这些。

尼尔：喂，为什么不干脆使用止损指令，别再使用系统呢?

道格：止损指令是设计来防止小额损失交易变成大额损失交易的。这属于“资本保值”和资金管理的范畴。首先，我们来说说什么是止损指令。止损的方式有多种形式，最常见的有资金管理、追踪、持平或%追踪。资金管理止损只是设定一个低于你进场价的价位，一旦达到这个价位就卖掉你的头寸。使用追踪止损的目的是，如果指数从一个高点或一个低点降到一定的量，它就锁定你的盈利，让你出场。持平止损就是它的字面意思。即，如果价格回落到你的进场点就让你出场。持平止损应该结合其他止损方法同时使用。因为如果没到达你的进场价，就绝不会止损。追踪%止损跟追踪止损一样，只是使用一个%，而不是某个点数。所有这些止损方式都各有利弊，你必须仔细掂量你用来交易的系统和方法，然后决定可行的某种或者某几种止损法。

尼尔：道格，我知道你还从事期权交易。为什么呢?

道格：杠杆效应是我们从事期权交易的首要原因。那些已跟随我们一阵子的交易员们知道，我们总是给大家推荐群集在5美金左右的当月到期期权。为什么这么做?

多年来，我们发现，最好的交易来自总额最大的期权交易。总额有以下几个功能。第一，总额给我们带来流动性或者一个供我们选择的市场。第二，它给我们提供一个杠杆，去克服期权随着时间流失而贬值的自然趋势，或者时间耗损。第三，它给我们提供公平竞争的场所。期权越活跃，买卖报价的差额就越小，我们就越不可能得到很糟的执行。很多交易新手有个错误概念，以为买两至三个月到期的期权更安全。实际上，克服时间耗损加重的唯一方法就是缩短你的持有期限。离到期日越近，你的杠杆效应变得越大，风险也越大。只要你妥善管理好自己的交易和资金，你的风险/回报将远远超过交易到期的期权所固有的风险。

尼尔:：你能不能用系统进行期权交易?

道格：期权和其他短期交易工具的当前价格取决于是否有需求，而需求又取决于市场对未来的预期。当市场没有多少涨跌时，交易者是不愿意提高标价的，因为他们的预期很低。期权买卖双方的价格都会慢慢向下调整，从而造成一些低于合理价的期权产生。

一旦出现走势，代表该走势方向的期权就会很快进入一个定价过高的状态，而处于相反方向的期权就会落到价值更低的地步。如果想在市场交易很活跃时买进，由于买进的需求高，而卖出的需求低，你得支付溢价才能拥有期权。比方说，你在收盘时买进，市场正处于急剧地下跌中。你买进是因为你预期会有更大的下跌。卖方也有此同感。所以要你支付达到他预期的溢价才愿意卖出。如果第二天早上一开盘就下跌，但还没跌到交易者预期的程度，买入期权就会贬值，卖出期权可能增值。我们Crash Proof顾问公司的人都了解这种现象。所以不仅要拿捏好市场的时机，还要拿捏好交易的时机。

尼尔：你认识那么多人，跟我说说他们的重大盈利吧。也谈谈你的某个输钱的经历。

道格：那是1982年。此前我卷入了一波很棒的跌势。我坐在45000美金的盈利上等着更多的钞票源源流入。这是，市场开时启动了，作为一位自命不凡的天才技术分析师，我觉得这只是一个小小的反弹，熊市会继续。日复一日，行情持续走高，我的盈利开始消融。我的逻辑性告诉我，行情很快非跌不可。可市场一连长了17天。之后进入史上最大的牛市。

尼尔：所以，你就由盈利45000美金变成亏损5000美金了。

道格：正是如此。

尼尔：难怪你改做系统交易了。

道格：没错。

尼尔：你认为网上交易前景如何?

道格；我认为使用的人会越来越多，增长会持续到21世纪。当很多人知道互联网时，他们会发现网上下单方便极了。这种增长会引起人们对准确的交易信息的需求的增长。我们正在努力开发未来的产品和交易工具。我们与其他网络交易公司都认为，快速发送讯息、快速执行指令是所有成功的交易员最重视的。我们目前正在实践即时交易室，配有自动化的即刻讯号发送系统和交易员间的聊天系统。

我构想的未来交易情景是，交易员坐在电脑前，在按照自己的交易风格与和交易类型量身定做的房间里与其它有同样投资兴趣的交易者沟通互动。交易讯号一出现，就会马上显示在屏幕上。不离开房间一步就可以下单。这些交易室24小时开放，把24小时交易变为现实。我们很快就要把这个情景变成现实了。

尼尔：最后一个问题。有些交易者可能想跟随你的足迹，开发自己的交易系统，你有什么建议给他们吗？

道格；第一点，也是最重要的一点，就是观察、观察、再观察。所有成功的交易系统都是建立在正确的概念上的。很多系统设计者开始时都去寻找一个能让他们发财的神奇指标。它根本不存在。相反，你要去观察市场，了解你所选择的市场，寻找重复的模型或看起来有预测性的各个因子组合。然后试图解释这些模型和因子可能有用的原因。我不太相信那些电脑搜索和统计配合。市场具有太大的动态性，这样的搜索只能反映某个特定时期内的一套数据配合。这样的系统通常会等你一在实际交易中运用时就土崩瓦解。不幸的是，金融报刊中全充斥着这样的系统，声称能带来你连做梦都想象不到的财富。如果一套系统在不同时期和不同市场都不能带来好的效果，就像避瘟疫一样地避开它吧。假如你已经接受了这个观点，认为有道理，接下来怎么办？接下来你就开始行动。比方说，我用的这些系统花了我四年时间来设计和检测，现在还在完善中。往往得花数千个小时编程、测试、调整、再测试等等，你才可能设计出一个能在即时交易中赚钱的系统。我知道有人会让你相信事情不是这样的，但这的确是我的经历。如果不愿意投入这么多精力和时间就让别人去搞系统开发吧。但如果你具备所需要的这些条件，你会发现这是世界上最令人满意的一件事情。

尼尔：哇！你说得真妙。交易者怎么跟你联络呢？

道格：我的名字和公司地址如下：

道格·帕崔克

Crash Proof Advisors，Inc.

5820 North Federal Hwy.， Suite D4

Boca Raton，Florida 33487

电话：（561）988-2364

传真：（561）994-4640
宅电：（561）368-8875
网站：www.crashproofadvisors.com
E-mail：webmaster@cradhproofadvisors.com
或者：pdp@gate.net.

资料站

请遵守规矩！

你所见到的交易场所的混乱状况是有管制的。可以处以罚单。这些条例来自CBOT规章手册。

任何享有入场特权的会员或个人，因破坏秩序、故意肢体冲突、性骚扰、使用亵渎或污秽的语言等不得体行为而处以罚单，在同一交易日内又继续做出以上描述的违反条例规章的行为，除了其他制裁之外（包括但不局限于罚款、吊销交易资格、被交易协会开除），将被立即从交易大厅驱逐，同一交易日不准进入交易大厅。以上处罚按下列程序执行：

a. 经场内委员会主席证明（主席不在时由副主席代替），某人在同一交易日内因破坏秩序、故意肢体冲突、性骚扰、使用亵渎或污秽的语言被场内委员会处以罚单之后，又继续犯同样的过错。

b. 这种立即执行的行动必须得到大厅管理委员会一位委员和董事会的一位成员批准，或由两为董事会成员批准。而且批准的任何一方都不存在异议。

另外，如果初次的过错性质严重，也可依照以上程序，剥夺其当日之内的进场权。（03/01/97）

评论：你看到的交易场的混乱其实是有秩序的。芝加哥交易风格绝不只是一堆情绪激昂、汗流浃背的人挤在交易场里交易。它的风格在于做交易“信守承诺”，正直诚实。

资料站

超级图形

大家都知道，S&P期货经常是折回、反弹；又折回、又反弹。针对这一现象，我们推荐大家只在市场下跌并开始回升时买进。这样可能赶上一波大行情，比盈余持平要好。

这套系统的买进讯号是：S&P反转4%，然后开始回升。它的卖出讯号是：（a）指数上涨4%，（b）指数下跌4%，或者（c）指数跌破抛物线。你可以在道琼斯工业指数期货上试试这套系统。买跌卖涨也是我们芝加哥交易的风格之一。务必做到行市对你不利时当即离场。“超级图形”准则如下：

假设：收盘价[1]<0.96×最高价（高价，15）[1]，而且收盘价>收盘价[1]，则在该条形收盘处买进

假设：收盘价<0.96×（进场价）或者收盘价跌破抛物线（0.00175）

或者最大头寸盈利>0.04×进场价：则根据市价在下一个条形图结束多头头寸。

我听说这个方法有78%的准确性，但是请记住我们刚刚经历了一个很大的牛市。像使用任何系统一样，必须了解你正在测试的市场的行情。

如果你不擅长编程呢？那也没关系。很容易买到可让电脑编写程序的软件。你只需要辨别关键的模型。最近，纽约一家公司只需交易者描述就可以找到一个模型，根本不需要编程。

运用这个方法，交易员只需要敲一个键盘就可以把一个市况用图形描绘出来，然后设计一个指标或者交易系统。由于很多交易者倾向于看直观图，这就比那些需要掌握编程技术才能交易的套装软件要好。

请联络：webmaster@digital-ltd.com

第20章
Chapter Twenty

查克·汤普森（CHUCK THOMPSON）
我们都爱资料供应商

查克·汤普森是DBC公司的技术总监和市场部的资深副总裁。汤普森先生就芝加哥交易风格的前景和从各种供应商获取资料方面所发表的观点很有价值。

尼尔：大家都说交易就是信息管理。交易者怎么做才可能把一个交易日所产生的所有信息管理好呢？

查克：除非他们有一个很好的资料供应商或者一套软件，不然很难做到。每天有超过800万的交易和报价要处理。DBC为用户收集所有这些资料。用户不必把一张信息量超大的CD装载进电脑，他只需用DBC的每日10GB数据的历史服务器。

尼尔：使用DBC收集信息，而不使用CQG和未来资源（Future Source）收集信息，有哪些优势？

查克：DBC的最新技术提供双向服务，其他两家公司只是单项传送资料。用户一旦需要，无论他在世界的哪一个角落，只要他上网开启系统即可下载一幅10年走势图，了解一只股票自开盘起的每一个波动。它不像其他系统那样只能固定一个地方。此外，价格不到其他公司的50%，而且更快。

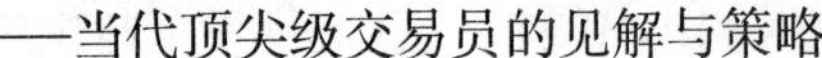

尼尔：准有不少软件供应商想通过你促销他们的软件吧，你怎么保持公正呢？

查克：很容易啊，我们只给用户推荐最受欢迎的套装软件。我们只对用户认为有用的软件感兴趣。

尼尔：网络对你们的业务是否构成威胁？比方说，我每月只花20美金就可以从网上获得报价服务。

查克：不会，相反互联网对DBC非常有利。现在我们已拥有最快捷最经济的方法来给出即时报价了。

第21章 Chapter Twenty-one

拉里·厄哈特（LARRY EHRHART）好用的软件为什么不一定畅销

市场程序修正软件刚开始在芝加哥开发时，拉里·厄哈特是最先看出它的潜能的研究者与交易者之一。他在芝加哥商业交易所担任客座讲师。我和拉里已经认识11年了，他的工作态度十分严肃，用一对一的方式与客户打交道。他算是单人组合吧。在这里，我们很高兴能采访到这位运用自己设计的软件来交易的人。

尼尔：你设计的软件对于芝加哥交易风格来说是最合理、最自然的。很奇怪，为什么你的名气没别人那么大？

拉里：我想部分原因是因为我是一个为自己交易设计软件的交易员，而不是靠开发软件出售来竞争的编程员，我不怎么打广告。其二，市场程序修正软件（我很看重的）并不提供大部分新手所要的东西，他们所需要的是一个教他们怎么做的行动指标。我相信你和我都设计不出一套长期有效的机械系统吧。如果真能这样，我们可以很快的拥有整个世界，所以，我的做法是重视交易心理、资金管理，使用各种工具来改进那种基本上算是"掷飞镖"的做法。这种靠直觉的交易方法不是每个人都合适的。

尼尔：也许你应该做出一些更大胆的承诺或什么的。

拉里：我没有！

尼尔：说正经的，你的软件对日冲交易者有帮助吗？

拉里：那是绝对的。当交易者们可随意进出场时，摇摆交易者也成了日冲交易者。WINdoTRADEr公司能提供很多关于市场特点的信息，使用色彩和数字来显示波动量的位置，几乎就像能听见交易大厅的叫喊声一样。

尼尔：你能举一个具体的例子么，你是怎样识别一桩好交易的？

拉里：图21-1无法用一两句话解释清楚，但是它却显示了1999年3月份的长期公债契约，涵盖了12月29号到30号的资料。图形左上角的方格与数字是12月30日的资料，中间和右边的一行行数字代表12月29日的五分钟条形图。顶部的第四个字母（I）下面127-10到127-14的地方是一个大成交量的蹲姿（有37个波动，是一个关键的反转条形）。五个条形之后（第三个J）也是一个大成交量的蹲姿（41个波动和一个关键反转）。

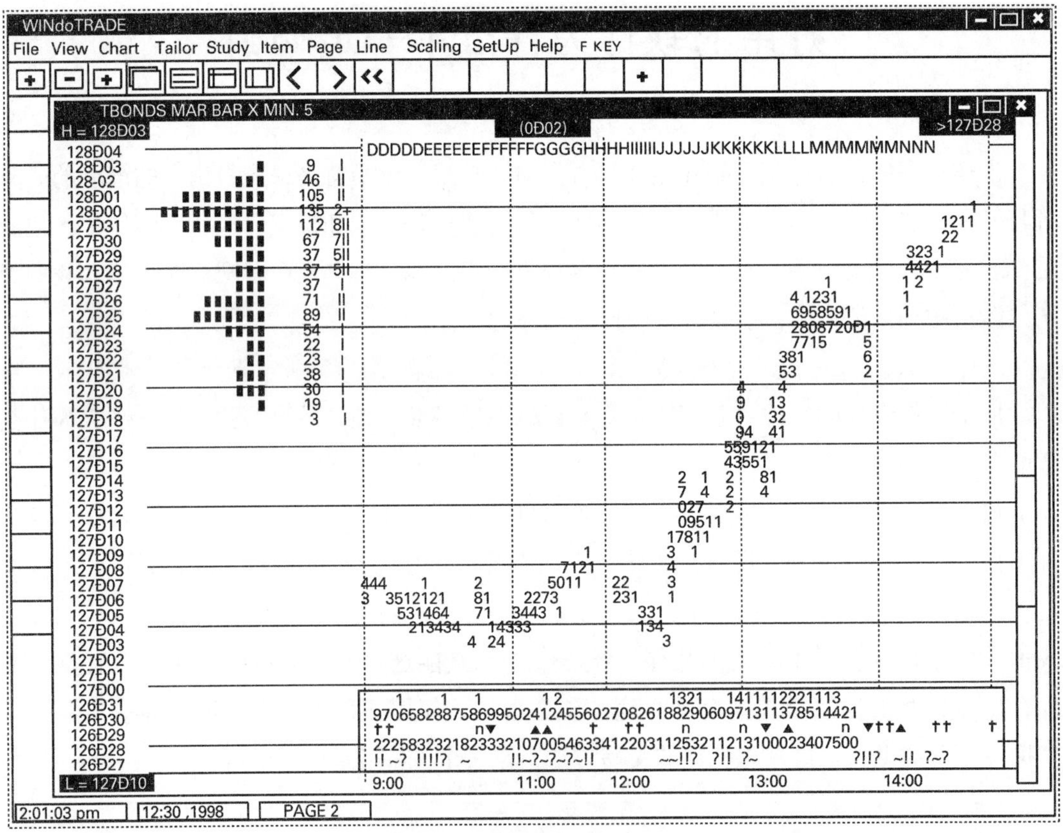

图21－1

这些条形形成时，它们就是这一天的高开证券。这表明市场因成交量大而遇到了阻力。按理说，它们是应该引起市场反转的。可事实是，市场冲破了这个重大阻力，这里就清楚地说明市场会走高。作为日冲交易者，当第一个蹲姿失败时，我本应该停止淡出市场，应该在第二天中出现很多偏差。如果我是摇摆交易者，决定在12月29日买进，不管什么原因我都会因为这些蹲姿的失败而更有信心，也许会建立一个比平时更大的头寸。摇摆交易者也有可能看出大玩家们进场的价位，很可能因此考虑在这个位置设定止损，而不用货币止损。

尼尔：你用的专业术语，如“蹲姿”，能请你解释一下吗？

拉里：蹲姿（用双叹号表示）是指一个条形到下一个条形之间的交易量增加，MFI减少。MFI指条形价格涨落幅度除以成交量。如果成交量的增长超过了价格涨落幅度，MFI下降，说明有阻力（或支撑）。行情会更活跃。但市场的走势会更不成比例。如果交易量大大增加，而且对于那种商品来说很高，这表明大玩家们介入了。这种拉锯战往往造成突然的行情变化（一般为反转）。市场已经“蹲下”，做好了跳跃的准备。

尼尔：哪类期货交易者会使用你的软件呢？

拉里：需要市场程序修正软件图形的人，或者靠直觉交易的人。如果你整天只去很专注地观察几个市场，就会很熟悉情况，比方每个市场的交易频率、五分钟内一般会有多少涨落等等。

WINdoTRADEr比一般的OHLC图表让你更容易了解这类信息。

尼尔：拉里，我相信人们一定想了解更多东西。请告诉我们你的电子邮件地址吧。

Larry：Wintrade@windotrader.com.

资料站

从场内交易到网上交易

汤姆·雷波格（Tom Rehberger）曾与我一起在美中商品交易所工作。他在套汇科工作，负责芝加哥期货交易所和美中债券交易场。下午两点以后，美中交易所都会从场内交易员和现货交易员手中收到报告。汤姆跟我谈起他的1000份契约。居然还有人说美中交易所没有流动性。汤姆成功地从场内交易转型为电脑交易，还把很多场内交易时学到的技能纳入其中。我请汤姆与大家分享他的最佳系统，但他却有更好的主意。下面的小资料属必读物。

汤姆：有人要我与大家分享我对最好的系统的看法，以便马上在交易中采用。我回答说，我还有更好的主意，我要与大家分享我认为最重要的动态因子，这些动态因子常见于所有成功的交易系统，也常为我交易生涯中遇到的场内交易员们掌握。我现在彻底享受着去年这套系统给我带来的成功，正期待着今年会给我带来什么样的成功呢。希望大家在新的一年交易中能认可我所提供的信息。

我在这个艰难的行业里探索交易策略的过程中一直遵循一个原则：找到正在赚钱的人，向他们学习赚钱的方法。在一个约90%的人都亏损的行业中，这种寻找是很艰难的。更糟糕的是，到处都是假内行。

两个动态因子——市场势头和统计，是所有成功交易系统的核心，第一个动态因子很容易理解和运用。除非行情发生变化，否则大家都赚不到钱。如果没有价格变动趋势，你只能猜。期货契约不分派红利，因此只持有头寸等待是不会有任何回报的。大部分能赚钱的系统都能够把握趋势，只是有早有晚而已。但是这些系统都需要价格势头才能获利。对第二个动态因子——统计，我只能说“想说爱你不容易”。交易系统涵盖很多交易，不可能保证每个交易都有钱可赚。要想赢利，你的系统必须是正确的，或者很大程度上正确，以前我对怎样赚钱茫然不知，在交易场观察了两三个月才学到这一点。一个交易大户拍拍我的肩膀说：“嘿，小子，先去做完一百笔交易再来跟我说话！”我认为他疯了，想敷衍我，但是我接受了这个小小的忠告，而这就花了我八年的时间在大厅交易。你不可能从一笔交易中作出任何判断，一百笔以后，你就有了自己的计划。一千次交易后，你就什么风浪就见过了。交易有赔有赚，你得两方面都能对付好。不要因老想着避免所有的亏损而不能自拔。这样做很不现实，如同你只根据过去的盈利来判断未来的绩效一样。

汤姆的一号交易准则：如果高价买进低价卖出，你赚钱的机会多而亏钱的机会小。这个简单的法则把你成功的几率提高了，有助于限制重大负熵，如果你以低于行情的价位下单，你就赔定了（以高于行情的价位卖出也是如此）。这样做降低了你的成功几率，让你交易陷入困境。

在交易中，钱是通过夺走别人的机会来赚到的。这是一种充满竞争的比赛，如果你在场内交易，当时报价是4买进5卖出，5是当时的交易价，你是买还是卖呢？买！而且要在第一时间以5买进！现在行情成了5买进6卖出，你就可以在6卖出。每天的大厅交易由无数的“迷你”趋势构成，这样一来你至少可以参与其中一个吧。交易系统应该寻找一些突破来标志一个趋势的开始或者存在。不管它是从4到6还是400到600，原则都是一样的。

跟踪趋势的概念不仅常见于期货交易，也常见于很多市场。尽管如此，有人就是适用得比别人更快。我想这正是有人做不好交易的原因所在吧。我希望这个事实能够帮助你调整，掌握交易所需的良好心态。如果你正在寻找这个方面的交易系统，你可以联系我：PMB Inc.，（800）598-0631，或者联系systems@pmbinc.com。

尼尔：选择合适的交易场、进行交易、接受盈利与亏损、扩大盈利等，这些不仅仅是场内技巧，也是交易技巧。

当你踏进交易场时，你还想了解场外交易情况，想知场内交易员的动向，想知道那些交易大户们是很火爆还是很郁闷，如果你能够把这些想法纳如到成系统交易中，那么你就能很快运用芝加哥风格进行场外交易了。

另外，你注意到了吗？汤姆·雷波格的评论与C.V.的评论多么相似啊！（参见第九章）

第22章 Chapter Twenty-two

马克·柯尔赛

重返期货场，傻瓜请止步

我第一次见到马克·柯尔赛是他在美中交易所当交易员的时候。马克不仅仅是协助客户，自己也做交易，他既有场内交易经验也有经纪人的经验。

尼尔：你是怎么入行的？

马克：我最初在堪萨斯交易所工作。当时价值线指数期货合约交易（Value Line）刚刚推出，我在交易场当电话接线员。1987年股市崩盘后，价值线指数期货合约交易枯竭，我也该另谋出路了，我决定进入这行业很热门的地方，所以我离开了堪萨斯，去往芝加哥——商品交易的故乡。

尼尔：你去那里后从事什么工作？

马克：我开始挨家挨户找工作，终于Pru-Bach交易所给了我一份做期权交易助理的工作，我很不喜欢。我认为期货交易快速而刺激，而期权交易又慢又讲究条理。当然，多年以后，我才意识到，我在那里短暂的工作期间，学到了很多期权交易知识。尽管我很早就学过不少期权知识，头十年的工作中却很少运用。在Pru-Bach干了短短9个月之后，我自信地认为自己交易的时候到了。我用9000美金买下了美中交易所的一个席位。接下来的三年给我带来了大量的宝贵经历。

尼尔：你是喜欢场内交易还是场外交易？

马克：噢，这是拿苹果和梨子相比。首先，场内是一个很难理解的地方。我认为它是非常刺激、百无禁忌、面对面展开的芝加哥风格的交易。当你在场内交易时，你的身边站的都是同样的人群，你每天都与这些同样的人做交易，发现自己被大量的信息包围。交易场是一个拥挤的舞台，人们呐喊着、尖叫着、比划着、推搡着，这一切就为了几波走势。大部分时候你一半的时间都是站在那里等着行情出现。当它真的出现时，你最好已经做好了充分准备。这是一种情感上和身体上备受折磨的经历——对年轻的交易者尤其如此。与此相反，离场交易的周边环境则清静得多（至少在外表上）。没有其他交易者诱惑你去建立头寸，也没有其他的交易者跟你竞争同一个买家。大部分时间都花来看看图形，辨识交易机会。你回家时鼻青脸肿的时候也少多了。

尼尔:从场内这难熬的十年光阴里，你到底从芝加哥交易风格中学到了什么？

马克：很简单。刚开始每个人都很失败。给你讲一个查理·D的故事吧。他从交易中赚了数千万美金。可是在他头几个月的交易中，一天之内就曾丢了自己一半股本。接下来的两个月里他就坐在一边观察市场里的各种相互关系，他显然看出了一些门道。我打过交道的每一个人都有类似的经历。我的导师，一个S&P的交易员，头三年还没来得及赚一分钱就损失了18万美元，可是从此他踏上了赚钱的道路。从1991年起，每年赚100多万。我的意思是，你的头几年只是积累经验的过程，仅此而已。不管你在头几年里是赚了$10000还是赔了$10000，只要你能够幸存下来，你就会因此成为比他人优秀的交易者。

因此，与这么多交易员打过交道后，我开始注意到成功与失败的一种模。原来成功的投资者至少有五种共同特点，而失败的交易者也至少有五种共同特点。

尼尔：那些共同之处是什么呢？

马克：我们先从成功的交易者开始说起，谈谈他们的共同之处。成功的交易者通常只在某个特定的市场或者相互关联的几个市场里交易。S&P和债券或者与之相配套的金融期货就是一个例子。他们经常是每天早上一起床就已经知道这一天该怎么去交易了。

1. 他们有明确的交易策略，而且严格遵守。
2. 他们一旦找到某种有用的方法就不断重复，像切蛋糕一样。
3. 他们得益于好的情感、身体和经济状况，不害怕用小额资金去冒险。他们拥有更多信息，随时能得到报价，了解即将公布的报告。
4. 他们不太谈论交易，只是埋头苦干。
5. 他们关注的是交易，而不是钱，因为钱可以照顾好自己。

毫无疑问，他们为成功进行了更好的装备！

下面我们来谈谈不成功的交易者。我发现他们人们失败的原因是，他们总是被同一块石头绊倒，因为他们永远不从中吸取教训。

1. 往往因为自律问题而小赚大赔。
2. 交易策略很少或根本没有。
3. 他们投资不足。
4. 他们很少花时间收集市场信息。
5. 他们把失败的原因归咎他人。

尼尔：现在你是零售经纪人了，你觉得自己能帮顾客做些什么？

马克：作为经纪人，我的工作是协助他们攀登交易阶梯，为他们指出他们交易技巧的不足，全面提升他们的交易能力。我也努力的装备我的客户，在15年的工作经历中，书上描写的错误我都犯过了，我可以将客户的想法和感受与所有情况联系起来，因为我也曾经像他们一样。我跟任何人聊上15分钟就能了解到不少情况。不同的投资者有不同的成熟程度，实际上真正的交易者很少。

尼尔：说说成熟度怎么个不同吧。

马克：新手刚开始交易时，都想低进高出，以为吃到顶价和底价才是正确的交易方法。其实这是通往贫民窟的最快的捷径。交易厅里有这样的笑话：“想踩高点和低点的人，最后都是采棉花的人。”

第一层次的交易者只能看到小利。我想帮助他们懂得怎样让利润上升，尽早减少损失。在这个阶段他们一般只做期货，而且只做短线。

第二层次的交易者往往已经有了两三年的交易经验。已经犯过很多大错误，也已经从中吸取了教训。这些人因为有很好的自律性，有些成了最棒的交易者。这是我最喜欢的交易者，他们基本上了解了市场运作方式，而且急于学到更复杂的交易细节。

第三层次的交易者已经完全掌握了期货交易的基本要点，准备涉猎期权交易了。他们中大部分人都已经有了股票交易经验。我经常向他们强调，股票期权和期货期权是很不相同的。对于股票期权来说，势头往往是向上的，趋势会带动行情。对于商品交易来说，期权是设计来让它销蚀的，他们仅仅只作为横向行情的保单。所以，90%的期权到期就没有价值了。因此，交易者需要使用同时买进和卖出的期权交易策略。很多人不到第三层次就理解不到这个概念。

最后一个层次——第四层次，就是我所说的真正的交易者。这些人已经很老道了。能够综合使用期货交易和期权交易，及所谓“合成交易”。

尼尔：你刚才提到“装备”你的客户。这是什么意思?

马克：技术发展日趋成熟。现在你真的可以进行场外交易了。你可以不在场内却离它很近很近。你不必买交易席位来获得优势了。比方说，你躺在夏威夷的沙滩上也拥有跟站在交易场的人一样的优势——只要你知道该关注什么。

我让我的客户们了解真正的行家是怎么做交易的，以此来“装备”他们。例如，五年前通过CQG这样的电脑系统来获得及时报价的费用高得惊人。现今每月只需两三百美元就可轻松获得。“呱呱盒”（一种通话机）可从场内进行现场声音报价，这也是普通人以前闻所未闻的，只有那些大的机构交易者和商业交易者用得起，因为每月费用高达几千美金。今天只要$100就可安装到家了。这是每一位严格的交易者需要的优势，但很少人知道可以买到“呱呱盒”，也不知道在哪里可以买到。网上交易终于成熟了。交易可从电脑、经由调制单元直接送到交易场，整个过程仅需三秒钟完成。

尼尔：你有什么交易策略吗?

马克：当然了。我给你介绍一种为交易准确定位的方法，它适用于所有的市场，甚至股票市场。首先，请记住所有市场都只有三个走向：向上、向下和横向。你的任务就是搞清某个具体时刻的趋势是什么。比方说，如果市场是向上的走势，就会不断重复相同的信号。

下面是S&P指数的一个交易策略。首先观察最近十个成交价格幅度。把总数相加，大概是13000或14000。然后除以十，等于13000或14000。为简便起见，我们就当1000个价格幅度吧。假定S&P的每日成交价格幅度是1000，我们已清楚支撑和阻力分别在哪里，也知道我们在哪个位置做当天的第一单交易了。我们也假设一下S&P处于上升趋势，实际上有70%的时间是处于上升趋势的。采用简单的菲波拉契折回率，33%、50%和66%，那么我们就可以假设我们的第一笔交易在33%的折回点上买进。我们也可以把卖出止损定在50%的折回点之下。在一个真正的上升行情中，价格很少落到50%的折回点之下。再者，如果这个市场行情降到66%的折回点之下，就可能是行情向下反转的明显标识。如果一切进展顺利，我就会在上面的50%折回点结清利润，我们可以一次次重复这个交易，总之，让市场来找你，你不要追价。如果S&P在1010.00，我们的第一个买进信号应该在1006.60，我们把卖出止损定在1004.80，然后可以在1015.00结清利润。如果价格跌破1003.30，就意味着趋势会发生变化。

一个小小的提示：请留意敞口权益。在长期的涨势中，敞口权益应该是随着行情一起上涨的。如果成交价格幅度增加，敞口权益却没有，请你留意更大幅度回调的出现。

尼：还有什么补充的吗？

马克：我还想说的是，把你的目光放远一点，看看整个行市。一个交易日不能代表你整个交易生涯。别想着一口吃成大胖子，否则你可能因噎废食。

马克的联络方式：（773）588-6636

第23章 Chapter Twenty-three

罗素·华森多夫（RUSSELL WASENDORF）24小时市场并非新招

罗素·华森多夫是PFG——一家期货委托商行的董事长与首席执行官。他还是一家期货投资管理研究公司，Wasendorf＆Associates的负责人。此外，他还是Wasendorf&Son公司的总裁。

至1980年以来，他开始编辑出版倍受肯定的通讯刊物《期货与期权要素》他曾任商品教育学会董事，还是期货教育中心的创始人。我请罗素与大家分享他对未来技术与交易的关系反方面的见解。

尼尔：普通交易者与经纪人掌握的信息一样多，这点已经越来越明显。交易者以后为什么还会需要经纪人？会需要吗？请谈谈你的观点。

罗素：一个多世纪以来，期货产业尽全力提供期货市场的最详细、最新的消息。期货产业的主要功能之一就是提供优先商品的重要供求信息。因此，通常交易者能拥有各种各样的关于个别市场的信息与统计数据。

近几十年来，即使是交易新手也能轻而易地获得职业交易员所使用的资讯。但即使普通大众能够通过互联网和其他电子渠道获得大量信息，也并不意味着丧钟已为经纪产业敲响。因为信息太多，反而使人们更需要专业人士来过滤信息、提取信息精华。当然，经纪人的职能会减少，因为下单与执行可由电子设备来完成。

我的体会是，说到如何在市场交易中获利，什么也代替不了经验。要么你通过耗费时间、资金、大量的精力来取得经验，要么去找一位经纪人来指导自己。

尼尔：科学技术对芝加哥市场交易起了很大作用。可是，交易员如何去适应这种24小时的市场?

罗素：我认为交易一直都是24小时内进行的，过去我们只有在某个时段内才有机会表达自己对某个市场的金融观点。即使在25年前我只关注黄豆市场时，我们每天首先想到的也是要去观察荷兰鹿特丹的价格。即使那个时候我们也意识到，世界其他角落的价格会影响交易场内的价格。24小时市场意味着几乎每个市场的定价过程都是永不停止的。近年来，人们可以通过电子渠道进场了。基于这种考虑，芝加哥市场调整了它的清算程序，使之可以通过电子方式进行。在交易实务中，这并不是什么惊天动地的变化。交易者很久以来已经习惯于在某个特定时间段内进行交易。日冲交易者一天内可以进场出场。当然，夜间市场也有电子交易。几十年来，头寸交易商早已习惯夜间的意外行情。现在唯一的区别是，他们可以在电子交易时段内采取一些保护性的措施。现在，头寸交易者可以更有效地保护自己的在交易所交易的头寸了。我认为有些人想错了，总以为夜间市场对他们的交易是一种威胁，害怕有人在他们睡觉的时候“瞎弄”。其实，无论过去还是现在，你睡觉时市场一直都在活动。用不着因市场24小时运作做出大的调整。

尼尔：既然市场之间都相互关联，那么当芝加哥市场休市时，周末发生重大行情变化也不会奇怪。而这种风险对于经纪行可能会是一场浩劫吧。

罗素：重大行情变化无论是发生在开市时还是休市时，对于经纪行都是一场浩劫。当然，近几十年来，期货委托商行（FCM）已被迫做出了一系列应对新风险的调整。但是，答案并不容易找到。电子市场以及其他期货产业的电脑化，实际上会促使大家采取更精准的风险管理。

我们公司发明电子下单系统时，我就曾坚持认为风险管理必须纳入整体计划的一部分。如何阻止顾客在资金不足的情况下进场交易，这是值得十分重视的问题。然而，没有一种方法能够让FCM避免未知的市场风险。但是电脑化操作至少能让FCM做出更快的应对，防止这种未知风险对公司造成致命打击。

尼尔：不同国家有不同的法律管理期货市场。经纪行怎么去“了解客户”、怎么知道客户什么时候不按公司的程序修正软件交易呢?

罗素：非常幸运的是，随着全球管理的不断完善，海外管理机构采取了很多美国管理模式。即使因国际管辖范围不同而法规不同，但往往都按下达交易指令的当地的法规执行。实际上，用来打击毒品交易的国际法也是根据本国法律来处理海外司法管辖区所发生的案件的。我预期随着网上和其他国际商务活动的普及，国际法也会做出妥当的调整。作为一个FCM，我们认识到，不管客户是谁，都不能取代严格的风险管理，不管客户的出生怎样，FCM也必须坚这个古老的法则——除了最后一笔之外，每一笔保证金都要严格查核。因此，如果能严格遵守风险管理的程序，可以弥补我们对顾客不够了解的不足。

尼尔：交易者选择网上交易经纪商行时，应该遵守什么标准?

罗素：这与挑选一般经纪人没什么不同。当然，最重要的一点是，交易员对系统的感觉舒适程度，显然系统必须能够处理交易员熟悉使用的各种指令，应该能进入客户想交易的所有市场。除了个人舒适度以外，某些网上系统具有促进交易能力的功能，保护交易者免受病毒的袭击，能快速下单和执行。这些功能包括提供在线股票走势、每个市场的"每个价格波动"头寸保证金与股票信息，以及个人及时管理报告，如：已撮合指令表、限价指令表和开口订单表。客户能够轻松删除指令或检查已下指令的状态，这是非常重要的。

其他增加的功能还包括及时市场报价、市场新闻和绘图能力。即使下单系统不提供这些机制，也要清楚下单系统是否与报价系统或绘图系统同步使用。

为保护交易者，支持系统及其重要。如，"信息高速公路"塞车时能通过电话下单。网上系统是否提供客户服务台、安排专业人员帮助交易者排忧解难，这一点也是很重要的。

下单系统的历史背景当然也重要。为了不把自己变成"土拨鼠"，最好先请人为程序进行杀毒处理。

罗素的联系方式：www.pfgbest.com或者（800）826-8035.

第24章 Chapter Twenty-four

史蒂芬·本格（STEPHAN BENGER）

请注意，芝加哥！大师来也！

史蒂芬·本格是PMB的董事长。尽管我和他未必总是意见一直，但他对芝加哥市场的预测之准令人不寒而栗。

尼尔：史蒂芬，未来的一年中，你认为芝加哥市场的重要性如何？

史蒂芬：芝加哥市场在全球市场中的重要性肯定会减少。欧洲内部的集中化过程会使欧洲交易所的重要性加强。由于欧元的引入以及它所暗含的基本原理，一些曾经只在美国市场、或者主要在美国市场做衍生性金融产品交易的人将会增加他们在欧洲的资产组合配置。我们公司已经出现这种现象了。我们的一些大客户越来越关注欧洲市场，减少他们在美国的衍生品交易了。

尼尔：你认为芝加哥交易与欧洲交易风格上有何不同？

史蒂芬：很有意思，两者之间的一个主要差异是欧洲的网上交易更普及。欧洲最大的交易所Eurex（由以前的德国期货交易所DTB与瑞士期权与金融期货交易所Soffex合并而成）就是电子化的交易所。LIFFE也将在1999年第一季度建成自己的电子平台。稍微小一些的欧洲期货交易所大部分都已经电子化了。我认为我们的客户不断增加在欧洲的交易的一个原因在于电子期货市场的透明性以及电子系统固有的公平性。一旦电子交易市场能保持每日交易量，被称之为流动市场，客户就会倾向于这种市场，而不倾向于公开喊价的交易所了。我相信客户喜欢电子交易的主要理由是，交易可马上得到撮合。这让我们想到了电子交易的概念——越过人的界面，一秒钟之内指令得到撮合。这只有电子交易能做到，这也应该正是人们想采用电子交易的原因。

评论：如果史蒂芬说的没错，那么芝加哥风格交易可能是1900年代的一个遗产了。我希望不是。然而，这个问题得由几家交易所的领导们来回答。

史蒂芬·本格的电话：（312）407-6000。网址：www.pmb.com

资料站

巴利·林德，一位比谁都更了解芝加哥交易风格的人

巴利·林德（Barry J Lind），Lind-Waldock的总裁，是期货产业界盛传的成功故事中的主人公之一。1962年开始从事交易。三年公干后，他积累了足够资源，开办了自己的公司。从最初取得会员资格起，他既是活跃的交易者，也是芝加哥商品交易所（CME）活跃的领导人物，之后，又作为主要参与者，积极应对期货产业中的关键性问题。林德先生的著作《方法交易论》，自1969年出版以来越来越受普通大众与专业交易者的喜爱，并被译成了几种语言。现已发行100000册。以下的采访是对《方法交易论》一书的补充讨论。

尼尔：传统的绘图技巧很长时间以来一直处于芝加哥交易方法的最前沿。就现在的系统交易和24小时交易来看，这些技巧还有效吗？

巴利：绘图技术还是一样的。但有的技巧在某些市场有用，有的技巧在其他市场有用。而今天有用的并不一定会在三个月或六个月后有用。图形只是一个工具，不是最重要的东西。

尼尔：说到交易，你最喜爱的模式有哪些？

巴利：我是系统交易者，无论是做长线还是只做几分钟交易。如果做短线，我严格采用技术分析法。对于较长期的交易，我会考虑交易的基本面。如果基本信息与技术分析相吻合，我会建立一个比平时更大的头寸。

尼尔：那么说，了解基本面会让你感到更自在些，是吗？

巴利：是的。

尼尔：你有网站可供交易者获得更多信息吗？

巴利：有：www.lind-waldock.com

资料站

TALPX的木材交易

芝加哥风格的交易前景如何？呃，请注意，Talpx问世了。这是一家位于麦迪逊W.303号的于众不同的现货木材交易所。这里没有交易场，没有造市者，没有小投机商，也没有价差交易商或期权交易商。

这些交易者都是林木业的大玩家。这个虚拟交易所的伟大之处在于他们把互联网和与交易软件整合为一个封闭式的系统。提供即时的买卖报价，进行交割。这里不欢迎投机商。这里不使用止损单。

如果这个想法实现了，它们计划把这个概念向全球推广。正如芝加哥人所说的，这可能是很大的项目，真的很大。

Talpx的联系方式：（312）424-0334，传真：（312）424-0470。

附　录

OPTIMA

芝加哥交易者不会盲目进场。他们阅读各种报告，保持自己整个交易日里消息灵通。知道Optima的人不多，它是由一群技术员和分析师编写的咨询报告。下面的例子仅仅是Optima报告的一部分，完整的报告提供详细的、综合的市场信息以及市场的影响因素。Optima每天发行虽然有些过时，下面的例子将会给你提供芝加哥交易者所掌握的信息。如果你对这份报告有任何疑问，请直接致电Optima投资研究公司，电话是（312）427-3616，或者E-mail到www.oir.com，或者www.optimainvestor.com。

Optima投资研究报告

国际金融评论

1999年4月1日 星期一 美洲市场评论：美国市场今天的关注重点是：（1）今天公布的美国12月份的采购经理人指数，（2）美国信用市场。新年开始的关注重点是美国经济的强度、全球经济危机最严重的时刻是否已经过去，以及是否会有意外的惊喜出现。（3）美国股票市场。该市场继续以超高的计价水平交易，关注重点为投机性的网络股票。（4）外汇市场，该市场本周起进入一个新的模式，市场等着观望欧洲中央银行（ECB）是采取德国央行的强硬措施，还是迫于大量试图控制银行的政治因素的压力，采取较为温和的政策。（5）上个星期四稍微转强的CRB指数（商品研究局指数）。

本周的美国经济日程表比较繁忙，主要报告包括今天的12月份NAPM（全国采购经理

人协会）报告和星期五的12月份失业报告。明天公布11月份的建筑支出报告和每周的零售商销售报告。星期三公布11月份新房销售报告。星期四公布11月份工厂订单报告和12月份的零售连锁店销售报告。星期五公布12月份的失业报告和11月份的批发贸易报告。

欧洲市场将严密注视从今天开始的欧元交易，防止任何小差错出现。英国市场的关注重点是BOE定于星期三和星期四召开的MPC会议。日本市场关注的重点是上个月猛升的JGB（长期公债值利率），以及Obuchi政府是否最终会与自由民主党政府建立联合政府。新建立的联合政府有可能加大压力来寻求更多的刺激措施。

市场预期在1月底解决克林顿的弹劾问题。美国市场也会关注克林顿的弹劾事件。如果参议院没有足够的投票，以2/3的投票定罪，参议院共和党领导人会寻求一个体面的下台阶。参议院并不想展开充分的审判，那将要传唤包括莫妮卡·莱温斯基在内的证人出庭。因此，重点是怎样达到舆论谴责的目的。唯一的争议是，在投票谴责之前，通过开庭审判把总统逼到什么样的窘境。就市场而言，整个克林顿—莱温斯基丑闻似乎注定会在未来一个月左右逐渐淡化。然而，市场会继续严密注视局面，看看强硬的共和党派是否会像以前在议会里那样再次控制局面。

NAPM（全国采购经理人协会）指数预期小幅上升，但维持在50以下。今天公布的美国12月份的NAPM指数预期出现0.7的涨幅，达到47.5%，在11月下跌1.5的情况下逆转了50%。但读数低于50%还是说明美国的制造部门处于收缩状态，只是比11月份收缩减缓了一些。NAPM指数可望有小幅上升，因为12月份的费城fed指数上升10.3点，到达-3.8，而且上周五公布的12月份芝加哥与纽约地区的制造业指数也有上升。像往常一样，市场关注焦点仍然是就业水平、物价、出口新订单等分类指数。11月份，就业指数下滑0.1点，到达44.9%，勉强高于7月份的三年半的低点44.4%。11月份的物价指数下降0.8点，到达35.0%，勉强高于9月份的49年内的低点34.4%。11月份出口新订单指数上涨0.9点，到达42.9%，整个11月读数低于50%。

美国初次申请失业救济的人数于上周剧增：失业救济申请在12月26日结束的这周一里猛增，增加79000人，到达368000人。大大超过原来估计的增加到310000人的水平。前一周的报告也从原来公布的287000人修正为289000人。猛增了79000人申请救济，这标志着六年半以来最急剧的一次增长。而且也使总人数创五个半月里的新高，只是稍低于6月27日和7月4日结束的高位394000人（后者是因为受到通用汽车公司工人罢工的影响，以及汽车制造厂家年度维修停工的影响）。4周的走势平均也上涨了13500人，达到5个月内的新高321250人。

在12月19日结束的这周里，申请失业救济的人数上升了17000人，总人数达2228000人。然而4周的走势平均下跌了15500，达2234000人。

上个星期四的初次申请失业救济报告毫无疑问让整个金融市场大跌眼镜，这种情况持续了连续3星期，首先，在12月19日结束的一周内，市场经历了失业救济申请人数的下降，降至300000人，创八个半月内的新低，289000人。目前，市场正经历着惊人的反弹，创五个半月内的新高，这种巨幅震荡主要是因为12月到1月初的节假日所带来的季节性调整引发的。此外，上个星期太平洋西北部沿岸（洪水）以及美国东南部（冰灾）的暴风雪又把问题变得更加复杂。因此，市场很可能会忽略初次申请失业救济金的人数剧增的事实，这个指标从来不是反映美国劳动市场强度的可靠指标。

美国12月份的APICS（美国生产及库存控制协议）商业前景指数稍显下滑：12月份的APICS商业前景指数下滑了0.9点，到达47.6。APICS表示：“12月份的指数显示1999年第一季度制造行业的活动缓慢但有增长。”指数的未来成分下滑1.3点，到达49.1，而当期成分下滑0.5，到41.1。

总之，12月份APICS指数的缓慢读数与美国制造业部门持续疲软的观点是相吻合的。制造业与出口产业两方面都受到了亚洲金融危机的重大打击，也受到了从1995年春到今年上半年美元强劲升值的持续性的影响。

美国12月份区域性采购经理人指数喜忧参半：12月份芝加哥地区采购经理人指数攀升0.7，到50.9%。显示该地区的制造业活动小幅增加。这个整体指数的强劲来自于分类指数的上升，如生产指数、待发订单指数、存货指数等。可是，付款物价指数、就业指数和供货商交货指数都下降了，而新订单指数则保持平稳。

准确地说，付款物价指数下降0.95，创49年半内的新低34.1%。这说明要素价格下降，也会加重近几个月来CRB（商品研究局指数）出现下跌。就业指数下降7.8，创两年半内的新低44.4%。

就业指数的变弱、存货指数的加强（上升10.4，达到两年内的新高58.4%），给12月份芝加哥采购经理人指数的成长多少蒙上了一些阴影。就业指数的疲软与存货指数的上升意味着这个地区的制造业活动短期内会变弱。

12月份纽约地区的采购经理人指数上升6.8，到63.2%。这说明该地区的整个商业活动都大大增多。然而，整体指数的强劲完全是因为非制造业指数上升了10.3，达到67.4%。然而，制造业指数下降了24.2，到25.8%，这说明工厂活动急剧收缩。展望未来，商业前景指数（未来6个月的）上升了7.0，达到65.6%。

纽约和芝加哥地区采购经理人报告的数据喜忧参半，这就掩盖了一些暗含的市场疲软。在纽约指数中，这种疲软可从制造业指数降至25.8%中体现出来。在芝加哥指数中，疲软可以从就业指数的下滑与存货指数的增加中体现出来。这意味着短期内制造业的活动会进一步减少，如果这种情况蔓延到重点非制造部门，那么，就有希望迫使Fed（美联储）进一步放松银根。

美国利率——在年底的清淡行情中，美国信用市场稍微下滑：三月份，长期公债开盘大跌，于上个星期四的缩短交易时段内开盘大跌，随后向上反弹，最后小跌收市。期货收盘价：USH99下跌0–04，到127–25；TYH99下跌0–01，到119–05；FVH99下跌0–005，到113–110；TUH99上涨0–007，到105–245；TBH99下跌0.005，到95.765；EDM99下跌0.0100，到95.0900。

现货收盘价：（纽约时间下午三点）：30年期现货下跌0–02，到102–12；30年期现货收益率上涨0.004，到5.094；十年期现货价格维持不变，为100–25；十年期现货收益率维持不变，为4.651；五年期现货上涨0–01，到98–25；五年期现货收益率下跌0.007，到4.532；两年期现货，上涨0–035，到100–065；两年期现货收益率下跌0.069，到4.494；三个月期国债下跌0.049，到4.381。

上个星期四（1998年12月24日）的三月份长期公债盘整在8个星期的低点125–26，距离1998年12月10日的两个半月高点131–00下跌5–06/32。三十年期的现货公债收益率于上周四盘整在六个星期的高点5.233%之下（1998年12月24日），从12月11日的两个半月低点4.925%（对应10月16日的低点）反弹30.8个基点。6月份欧元上个星期四收盘为94.93（1998年12月24日），停在三个半月低点之上，距离合约高点95.89的幅度为96.0个基点。

利空因素包括：（1）美元汇率下跌。（2）上星期短暂反弹之后出现的多头部位平仓压力。（3）对欧元的引进以及随之产生的资产再配置所产生的长期担忧。（4）星期三将举行的十年期指数债券拍卖以及年初企业界发行大量债券筹措资金所造成的供应压力。（5）三月份日本公债契约暴跌之后，市场对日本公债的销售的担忧。利多因素包括：（1）星期四发生的美国股票暴跌。（2）上个星期四公布的区域采购经理人指数所呈现的潜在弱势。

美国信用市场新的年度将面对的前景是在全球经济危机前沿保持相对的稳定，以及美国经济的持续增长和股票市场的强劲走势。所有这些因素使得Fed在11月份召开的FOMC（联邦公开市场操作委员会）会议上决定把原来倾向于放松银跟的政策调整为中立政策，10月份FOMC会议记录公布以后，使得市场短期内不太有可能再度降低利率。

市场对Fed政策的看法的改变明显反映在联邦基金期货曲线上，曲线在过去的两周里明显趋于缓和。上个星期四，二月份的契约以95.28收盘，价格隐含的联邦基金利率为

4.72%，这说明市场相信FOMC在二月二日和三日举行的会议上不可能降低利率。四月份的契约以95.33收盘，价格隐含的联邦基金利率为4.67%，说明市场相信在三月三十日的FOMC会议上，大约有30%的可能性将利率调高25个基点。六月份的契约以95.35收盘，价格隐含的联邦基金利率为4.65%，说明市场相信Fed在年终约有40%的可能性将利率调高25个基点。

尽管Fed采用了中立政策，信用市场仍将寻找美国经济整体性的疲软迹象。今年的经济增长预计减慢，达不到1998年前三个季度的3.7%的增长率（第四季的增长率预期达到3.5%～4.0%），但是增长速度的减慢在未来的一两个月内预计不会体现在经济数据上。事实上，这个星期将会发布的十二月份的经济数据可能非常强劲，这进一步排除了Fed放松银根的可能性。所以美国信用市场将会在短期内原地踏步，等待着美国股票市场、全球经济危机或者美国经济新的发展与变化。

Fed预料预计会采用新的附加系统——债券买断式回购：Fed今天很可能会执行另一个追加性的债券买断式回购，以保持因节假日带来的多达$100亿到$120亿的巨大的资金需求。此外，Fed可能也需要取代明天到期的两笔债券买断式交易，即上个星期四设定$51.75亿四天期的回购。和上周一设定的$60.59亿七天期的回购。Fed眼下需要约二十亿美金的巨大追加性需求，但本周内资金需求会逐渐减少。追加性需求将会在未来的几周里迅速下降，甚至可能于一月中下旬变成小量的资金释放。

未偿付的债券买卖式回购包括：a. 明天到期的两笔回购（设定为$47.27亿的十五天期的回购和上周星期二设定的$28.05亿七天期的回购）。b. 上周四设定的$38.50亿六天期的回购（星期三到期）。c. 设定为$27.10亿三十天期的回购（星期五到期）。d. 设定为$31.50亿四十五天期的回购（1月21号到期）。e. 设定为$20亿的41天期回购（1月27号到期）。这些债券买断式回购总额达$192.42亿之多。上个星期四的四天期和六天期回购设定在联邦基金利率5-1/2%，远远高出联邦基金的目标利率4-3/4%。利率上升的压力不仅与年末的预备金需求和流动性需求相关，也与Fed的基本追加性需求密切相关。

上星期货币供应总额增加，M2（货币供应量2）的涨幅创11-3/4年的新高，上涨9.4%：在12月21日结束的这周内，所有三种货币供应总额都大幅增加：M1增加$149亿，M2增加$187亿，M3增加$154亿。备受关注的M2总额的同比增长由上个星期的9.2%的同比增长上升到9.3%。这是M2在11-4/3年的时间内最大幅度的增长。

美国股票市场：美国股市上周四开出平盘，整合交易时段基本上处于跌势，然后在临收盘前回升，个股有涨有落。收盘价格：道琼斯工业指数下跌93.21点，到9181.43点；

DJH99契约下降75点，到9265点；道琼斯公用事业指数上涨1.38点，到312.30点；OEX指数下跌3.30点，到604.03点；S&P500指数下跌2.70点，到1229.23点；SPH99契约上涨3.40点，到1245.50点；纳斯达克综合指数上涨25.74点，到2192.69点；罗素2000指数上涨10.05点，到421.96点.

到上个星期四，道琼斯工业指数下跌1.0%，随后S&P500指数下跌0.2%。与此同时，罗素2000指数上涨2.4%，纳斯达克指数上涨1.2%。12月，纳斯达克指数上涨12.5%，罗素2000上涨6.1%，S&P500上涨5.6%，道琼斯指数小涨0.7%。1998年里，纳斯达克指数飞涨39.1%，S&P500上涨26.7%，道琼斯指数上涨16.1%。罗素2000落后很多，全年下降3.5%，但还是从本年度至今为止的30.5%的降幅中有所回升（该指数于10月8日创下2-3/4年的最低）。

上周四，股票市场大范围看涨，有2315只股上涨，781之股下跌，涨跌比率为3：1。上个星期四的纽约证券交易所交易量为639百万，大约有30%的个股成交量下跌。纽约证交所挂牌的股票位在200天平均走势之上的股票仍然达到5个月内的高点38%。9月1日，这个百分比创下7-1/3的低点14%，比4月份的68%的读数下降很多。股票创52周新高的数字为407只，创52周内新低的为283只。

利多因素包括：1. 小型股在季节性很强的1月份之前提前发行。2. 年末采购在前两周呈现向上势头。3. 对网络股的兴趣再度出现。4. 最近的情况显示，投资者连续几个星期抽出资金后，又把钱重新投回股市。

利空因素包括：1. 大型股结清获利。2. 因受Bell Atlantic并购Air Touch的传言的影响，电话股票下跌。3. S&P500的市盈率于12月23日接近历史最高点31.9（是长期的历史平均水平的两倍还多），由此引发人们对定价的关注。4. 12月股市上涨的股票减少，大部分的盈利都集中在一些高科技股上。

最活跃的股票名单上，位居榜首的是Amoco石油公司（上涨9.4%），达101.31百万股。该公司上周三股价大跌，因为英国石油公司同意用$617亿将它并购，这个决策将会导致该公司从S&P500指数上剔除。然而，跨国投资者们意识到，因为并购案，Amoco将被列入FTSE-100成分股，追踪英国指数的资金经理人们必须买进该股。成交量位居第二的股票为America Online（涨幅5.2%），达39.82百万股，主要是因为该股在上周三成功并入S&P500指数。上周三，《财富杂志》把Compuware列入美国100家最合适工作的公司之一。

上周四，在S&P500的89个分类指数中，47种指数收高，41种收低。S&P500股票有301只收低，183只收高。根据市值加权的基准，金融类股（下降2.05%）表现最差，其中

Citygroup（下跌1–1/16），Fannie Mae（下降1–9/16），和Morgan Stanley Dean Witter（下跌2–3/16）均有下降。尽管金融公司希望1999年生意红火，投资者还是很谨慎，担心美国证券产业是否有能力超过1998年发行的史上最大量的1.82兆证券。货币中心银行类股表现第二差（下降2.55%），表现第三差的是电话类股（下降1.01%）。

在道琼斯工业指数的30只股中，有22只于上周四收低，88只收高。American Express上周四下跌2–9/16点，是道琼斯股票中降幅最大的股票。尽管1998年是信用卡市场的丰收年，但American Express还是因旅游业不景气受到了影响。CardWeb报告说，与1997年旅游节日消费$745亿相比，1998年支出为830亿。Dupont在道琼斯股票中跌幅位居第二（下跌2–3/8），分析家们发现该公司仍无法顺利把Conoco分离出去。Conoco于1981年并购过来，Dupont现在已抽离投资的30%，预计1999年将抽回全部的投资，Conoco的销售收益受到油价创12年新低的负面影响。

纳斯达克综合指数上个星期四达到历史最高点2200.63，从1–2/3年的最低点1357.09（10月8日）起，一直持续上涨2–3/4个月，共涨843.54点（62.2%）。S&P500指数上个星期三达到历史最高点1244.93，从一年的最低点923.32（10月8日）起，共涨321.61点（34.8%）。道琼斯工业指数达到历史最高点9380.20（11月24日），从它的一年最低点7400.30点（9月1日）起，共涨1，979.90（26.8%）。罗素2000于上周四达到四个半月内的最高点421.98，比它的2–2/3的新低303.87（10月8日），上涨了118.11点。指数在达到历史最高点492.28（4月22日）之后，8个月内下跌188.41点（38.3%），但上周四也反弹了63%。

商品——因为能源版块上涨，CRB（商品研究署指数）收高：上周四CRB指数上涨0.51，以192.22点收盘，在12月21日创下的21年新低187.89点稳住。下档的支撑是1977年出现的23年新低184.70点，上当的阻力是11月30日出现的一个月的高点197.73点。CRB指数12月下跌2.1%，1998年全年下跌16.5%。1998年的下跌是自从1981年CRB因调整出现17.4%的下跌之后最大幅度的年度下跌。1981年的CRB指数是从1980年的高点337.60下挫的。尽管美国股票市场持续走高，在过去的21年里，股价指数13次止跌回稳，但是CRB指数还是于1998年创下新低。这一年内原油创12年新低，玉米价格创10年新低，猪肉价格创26年新低，棉花价格创5年新低，蔗糖价格创11年新低。商品市场的主题仍然是因全球经济危机带来的需求减少，生产过剩。

收盘：能源股：CLG99+0.30到12.05；HUG99+0.0070到0.3655；HOG99+0.0066到0.3428；NGG99+0.59到1.945。重金属股：GCG99+1.1到289.2；SIH99–1.5到502.0；PLJ99+3.3到367.2。谷物股：SH99–0–6到541–2；SMH99–2.40到139.40；BOH99+0.09到23.11；CH99不变在213–4；WH99+0–2到276–2.牲畜股：LCG99+0.05到60.52；FCF99+0.17

到69.17；LHG99-0.60到32.65；PBG999-0.52到42.75。纺织品股：SBH99-0.02到7.86；KCH99+0.60到117.75；CCH99+3.到1379.；JOH99-2.55到104.30。工业股：CTH99-0.8到60.36；HGH99+0.30到67.20；LBF99+3.10到305.60。

2月份天然气在上周四成为CRB涨幅最大的契约，上升了0.059达到1.945。上个星期一天然气曾创1.770的低价，从11月9日4个月高点2.620下跌0.850（32.44%）。天然气的涨势受到了AGA上周三收盘公布的库存报告的影响。AGA的报告显示，天然气的库存量下降了167 bcf w/w，这是两年来最大的降幅。气象预报显示本周内全国大部分地区气温将低于平均水平。这样一来，中西部以北地区，纽约和波士顿的燃料需求预计会比平时多出22%。

3月份的橙汁是CRB指数上跌幅最大的契约，下跌2.55，到了104.30。上周四的103.50点，是橙汁3个月内创下的新低，从12月7日的一个月高点121.00下降17.50美分。投机买卖是影响橙汁市场的原因，加州地区在最近的霜冻中受到损伤的橙子可能被榨成橙汁出售，而正常情况下加州橙汁有80%是直接供餐桌食用的。美国农业部12月份的报告显示，福罗里达的柑橘产量与10月份相比不变，仍为190百万箱。相比去年的244百万箱，产量下降了22%。

2月份的原油于上周四上涨30美分，以$12.05收盘。之前的12月21日，该契约创下12.75的低价，从12月26日的1-1/4的高点12.95下降$2.24（16.98%）。上星期伊拉克第二次发起防空反击，于是美国与英国空军再次向伊拉克导弹基地发起进攻。上周四API报道原油的库存量下降2.4百万桶，这是刺激油价的利多因素。美国现在气候转冷，预计会使市场需求正常化，之前因为初冬天气暖和，对原油的需求曾降到平均点之下。分析家们指出沙特阿拉伯因出现预算赤字，不会在1999年上半年减少原油产量。